Para

Com votos de muita

paz e luz.

/   /

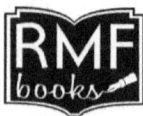

E-mail: contact@rmfbooks.com
rmf@rmfbooks.com
6136 NW 53rd Circle, Coral Springs, FL, 33067, USA

2a Edição – Março de 2015 – RMF books

Dados Internacionais de Catalogação na Publicação (CIP)
Fabbri, Umberto
Mediunidade Ferramenta Divina / Umberto Fabbri – Coral Springs – Florida – US

Para informações sobre vendas e/ou cópias deste livro, por favor entre em contato com RMF books at 954-345-9790 or contact@rmfbooks.com

Revisão: Maria Esguicero e Maria Heloisa Cerávolo Jung
Design e Editoração Eletrônica: André Stenico
Capa: Adhemar Ribeiro

Impresso nos Estados Unidos da América

10 9 8 7 6 5 4 3 2 [1]

224 p;

ISBN 13: 9780692416198 - Paperback

Umberto Fabbri

MEDIUNIDADE, FERRAMENTA DIVINA

2ª Edição - 2015

Sumário

Apresentação

A mediunidade, sem sombra de dúvida, é um dos assuntos mais intrigantes e curiosos da Doutrina Espírita, principalmente para os que iniciam o caminho da descoberta desta realidade espiritual, que, para muitos, é ainda mágica, mística e sobrenatural.

Entretanto, conforme avançamos em nossos conhecimentos, descobrimos que é perfeitamente lógica, racional e natural a comunicação entre irmãos, filhos do mesmo Pai. Conseguimos levantar o véu da ignorância dos fatos espirituais, e passamos a enxergar os Espíritos desencarnados como companheiros de uma longa jornada. Irmãos que se encontram em outra dimensão, mas que continuam a ser nossos irmãos.

Alguns já mais esclarecidos, bondosos; outros neutros; outros ainda tão sofredores das consequências de seus desenganos que não conseguem amar, perdoar, compreender o erro do próximo, e que, além de sofrerem, favorecem o sofrimento de outros.

A mediunidade é também recurso de socorro, consolo e encaminhamento dos que choram...

Para que a mediunidade possa realmente favorecer o progresso da humanidade, faz-se necessário estudá-la, entender seus mecanismos e possibilidades.

No "Evangelho Segundo o Espiritismo", em seu prefácio, o Espírito de Verdade nos demonstra a beleza deste intercâmbio espiritual quando respaldado pelo amor e entendimento. Veja o que nos diz; *"Os Espíritos do Senhor, que são as virtudes dos céus, como um imenso exército que se movimenta, ao receber a ordem de comando, espalham-se sobre toda a face da Terra. Semelhantes a estrelas cadentes, vêm iluminar o caminho e abrir os olhos aos cegos.*

Eu vos digo, em verdade, que são chegados os tempos

em que todas as coisas devem ser restabelecidas no seu verdadeiro sentido, para dissipar as trevas, confundir os orgulhosos e glorificar os justos.

As grandes vozes do céu ressoam como o toque da trombeta, e os coros dos anjos se reúnem. Homens, nós vos convidamos ao divino concerto: que vossas mãos tomem a lira, que vossas vozes se unam, e, num hino sagrado, se estendam e vibrem, de um extremo do Universo ao outro.

Homens, irmãos amados, estamos juntos de vós. Amai-vos também uns aos outros, e dizei do fundo de vosso coração, fazendo as vontades do Pai que está no Céu: 'Senhor! Senhor!' e podereis entrar no Reino dos Céus."

Sempre me causa encantamento a possibilidade desta união ativa dos seres encarnados e desencarnados, trabalhando no bem e para o bem. Unindo-nos em grande harmonia na construção de um mundo melhor, onde não haja tanta dor e sofrimento causados pelo desconhecimento de Deus e do amor. A mediunidade pode ser, dependendo do uso que dela fizermos, o elemento divino a possibilitar o cumprimento das promessas de nossos irmãos espirituais.

Neste livro, muito bem elaborado por nosso amigo Umberto Fabbri, encontramos respostas para muitas das dúvidas e questionamentos sobre o processo mediúnico.

Em linguagem simples e acessível, ele nos faculta a familiarização e entendimento da mediunidade, desmistificando, esclarecendo seus amplos aspectos e revelando a importância de sua prática consciente e educada.

Estudioso incansável, Umberto Fabbri reuniu extenso material de pesquisa em seus vários anos de trabalho nas lides espíritas, e coloca-os disponíveis para nós neste agradável livro.

Esperamos que esta obra possa colaborar para nossos estudos sobre a mediunidade, tornando-a como nos apresenta o autor, uma Ferramenta Divina que possibilite a construção do Reino de Deus em nosso íntimo, para que depois ele se estenda e alcance a humanidade.

Maria de Cássia Anselmo

Introdução

Mediunidade, ferramenta divina

A mediunidade está à disposição de todos. No processo evolutivo, o ser capacita-se mediunicamente e, por graça celeste, tem a possibilidade de relacionar-se com outras dimensões. Está agregada em nossas vidas não como privilégio ou qualquer tipo de exclusivismo por parte do Criador, mas sim como ferramenta divina, que será útil ou não, dependendo do nosso entendimento e de sua aplicação. Diante do fato da mediunidade ser uma ferramenta, podemos utilizar como analogia o cinzel na mão do escultor. Dependendo do profissional, a matéria-prima que lhe serve para ser moldada, sofrerá ou não com a sua rudeza. Golpes desferidos a esmo, sem a atenção adequada, farão com que todo o trabalho se perca, assim como a beleza e o esplendor que o material poderia revelar. Assim é a mediunidade, que, tratada de maneira inadequada em mãos inábeis, transforma-se em instrumento de infelicidade para quem lhe é portador, como também influencia aqueles que o cercam, geralmente expondo instituições e pessoas, criando um total descrédito em relação a si, comprometendo a disseminação das verdades do Evangelho e gerando influências perniciosas em mentes imaturas, sem conhecimento e despreparadas para as realidades da vida no que diz respeito à condição da alma imortal.

A tarefa mediúnica é oportunidade de crescimento, não está ligada à evolução moral da criatura, portanto quem a possui não é necessariamente um ser evoluído. Entretanto é também conquista adquirida para aqueles que já evoluíram. Os Espíritos possuidores da moral elevada, não a moral de usos e costumes, mas aquela de que nos fala o Evangelho do Cristo, já conquistaram o domínio sobre a comunicação entre as dimensões e por meio da mediunidade nos trazem informações e orientações com o intuito de auxiliarem em nosso crescimento espiritual. Todavia, ainda resistimos às mensagens trazidas e a existência da realidade espiritual.

A Ciência ainda não comprovou a existência do Espírito, desta maneira, a mediunidade não é uma realidade para a maioria dos médicos e cientistas, e acaba por ser tratada como desequilíbrio ou transtorno mental. Com potentes medicamentos, tenta-se inutilmente liquidar algo que está intrínseco no ser, em seu perispírito, com reflexos no próprio corpo físico.

Por quanto tempo ainda teremos que sofrer sedentos, diante da fonte que está à nossa frente? Com águas cristalinas que nos matariam a sede do conhecimento, abrindo nossos olhos sobre a realidade de nossas existências? Vagando sem rumo, o ser procura viver situações estranhas à sua realidade para preencher o vazio em que se encontra, desprezando as oportunidades de esclarecimento e crescimento. Busca frenética que se transforma em verdadeira obsessão das realizações materiais, esquecendo-se completamente do ensinamento de Jesus, de que não só de pão vive o homem, mas também da palavra de Deus.

Não somos seres limitados, vivendo uma única existência no planeta, buscando somente o conforto, que, apesar de louvável pela conquista, esforço e trabalho, não pode ser o único objetivo de nossas vidas. Somos criaturas completas, e quando não permitimos a manifestação de nossas potencialidades em caráter absoluto, frustramo-nos, e em nossa frustração prostramo-nos diante da vida, buscando compensações descabidas na tentativa de suprir algo que simplesmente negligenciamos em nós mesmos: a sagrada oportunidade que Deus nos concede para que sejamos felizes. A mediunidade está para nós como o Sol está para o dia e para a vida. De maneira simples e sutil, faz ele o seu trabalho, sem reclamar louros e reconhecimento. Mediunidade trabalhada com seriedade e respeito necessário, transforma-se em um rio de bênçãos, de luz, consolo, esperança e esclarecimento para todos que com ela façam contato.

Capítulo 1

Conceitos básicos para compreender a mediunidade

1.1 Deus, Espírito e matéria

Inicialmente, para entendermos a Trindade Universal, precisamos buscar dentro dos nossos limitados conhecimentos e até onde nosso entendimento alcança a divindade, não mais na condição antropomórfica que nos foi apresentada e mantida em muitas religiões até os dias atuais.

Naturalmente, estamos considerando somente um período curto da humanidade e sua relação com o divino, porque, desde que o ser primitivo começa a sua caminhada evolutiva, está inerente à condição de que algo lhe é superior. Como fruto direto da Criação que é, tem ele como analogia o DNA divino.

Sua caminhada para entender o Criador, vai passar pelos mais diversos relacionamentos, com situações, objetos e pessoas que estejam ao seu alcance. Inicia ele com o culto às pedras ou litolatria, para depois evoluir para a fitolatria, que é a adoração às plantas. Um pouco mais evoluído, dirige seu interesse para os animais e cria para si a zoolatria, para finalmente alcançar o Deus humano ou o antropomorfismo.

Ainda que encontremos nos dias atuais culturas inteiras que aceitem e respeitem o culto ou a adoração aos animais, por necessidade de nossa maioridade espiritual, chegamos à maturidade e um relacionamento não mais baseado em um Deus de humores, muito semelhante a nós mesmos.

Mesmo que, algumas religiões insistam em manter a chama viva de um Deus que perdoa e castiga, parte da humanidade está à procura do Deus lógico, racional, que não pode se imiscuir em nossas disputas e, nem tampouco, enfileirar-se com este ou aquele grupo. Pela grandeza do efeito, deduz-se a magnitude da causa, como nos ensina a Doutrina Espírita. Aos poucos percebemos um Deus Cósmico, não limitado, de um Deus de amor absoluto, Criador, que, em Sua bondade infinita, mantém a tudo e a todos em seu hálito divino, como nos ensina André Luiz em *Evolução em Dois Mundos*, através da pena de Francisco Cândido Xavier.

Vamos conhecendo este Deus através de nós mesmos, com a beleza do que somos, a máquina perfeita do próprio corpo, que a evolução em um curto espaço de tempo não teria sozinha a condição de esculpir. Dentro da pretensão de alguns, desprezando a Criação divina que se manifesta na criatura e que influi de forma decisiva no instrumento de que se vale, verificamos que esta ascensão não se daria a começar de um simples acaso.

Naturalmente, encontramo-nos distantes de um Deus concebido por Jesus, dado que ainda não alcançamos as condições necessárias para entendê-lo e sequer vivenciá-lo. Referimo-nos a Jesus na condição do homem com Deus, quando o Mestre da Galileia afirma que o Pai e ele eram um só. Não em absoluto na condição de figuras fundidas, mas na paternidade e filiação, com evoluções diferenciadas pelo trabalho já realizado.

Estamos a caminho de ser um só com Deus também, porém distantes ainda pela necessidade da nossa renovação, que se dá pelo exercício do amor pleno, ou seja, da caridade.

Buscando simplificar, o "um só com Deus" está em viver suas Leis em plenitude, que são de amor, de justiça e de sabedoria.

Viver a relação de nós para conosco, no mesmo grau de nós para com os outros, com o exercício da fraternidade.

Então começamos a entender e vivenciar a nossa realidade divina, quando o respeito se estende à Criação como um todo, não existindo mais delimitações por reinos da natureza, mas simplesmente a nossa inserção dentro do todo, não perdendo nunca a nossa individualidade.

Passamos a nos conhecer como Espíritos imortais que somos e verificamos a necessidade da utilização da matéria, não mais com a ideia distorcida de que é a matéria que produz o ser, mas compreendendo que o ser a influencia e utiliza.

A Trindade Universal começa a tomar forma e sentido quando a grandeza do Criador se apresenta como O Senhor e, nós, Suas criaturas amadas em processo de crescimento, galgando degrau após degrau, passamos a utilizar a matéria como veículo de transformação.

O Senhor cria, nós cocriamos. Dentro de Sua grandeza, nós fazemos parte, como filhos e herdeiros. Esta é a nossa realidade e o nosso objetivo. Sendo assim, a busca no ser pelo lado espiritual, sempre rejeitou a parte material, por tratar-se de fonte de erro e submissão do Espírito.

A matéria foi vista por vários povos e gerações como limitadora e escravizadora, restringindo o ser às condições negativas da existência.

Interessante notar que, ao mesmo tempo em que se buscava a espiritualização do homem, não se imputava a ele mesmo a responsabilidade pelo que ocorria ao seu próprio corpo, instrumento de sua manifestação e de sua integral responsabilidade.

Somente com a maturidade do Espírito no tocante à evolução, é que se foi aos poucos modificando a visão estreita em relação ao objeto do erro ou do tão propalado "pecado". Necessitaria de milhares de anos para sair da conceituação equivocada, plantada por ele mesmo nas mais diversas religiões ou seitas, de que a matéria era a causa do mal e não a sua atitude ao utilizá-la.

A pergunta que passou a incomodar aquele que

raciocinava não mais dentro dos limites estreitos dos seus próprios interesses, era: se Deus é Criador absoluto, amor puro e sabedoria máxima, como conceber que tenha sido criado por tamanha bondade, algo que pudesse ser prejudicial aos seus próprios filhos?

A razão demonstraria que esse Deus mais adequado à realidade evolutiva do ser, não poderia aceitar sob condição alguma que o Criador cometesse equívocos.

Do mais infinitesimal ao macrocosmo, não podemos negar a perfeição de Sua Criação, lembrando a frase do iluminado físico Albert Einstein: "Deus não joga dados com o Universo".

Partindo da premissa de que o Criador não comete acidentes com aquilo que cria, percebe-se que o que é oferecido ao ser amado, em toda a Sua Criação, deve ser perfeito, e que este, tem como meta final se tornar parte desta perfeição, na devida proporção, evidentemente, porque perfeição absoluta, somente a Divindade possui, enquanto a nossa é relativa; apesar de não conseguirmos ainda compreender esta relatividade que nos aguarda no processo da evolução.

Esta evolução relativa possibilitará um amor semelhante ao que Jesus demonstrou pela humanidade, o que, dentro de nosso campo de visão já seria algo sublime.

Amar ao ponto de orar pelo semelhante que nos agride mortalmente, está tão distante para nós, quanto colocar Deus em primeiro lugar, antes dos nossos interesses imediatos.

Portanto, a criação da matéria obedece à sabedoria divina, na mesma proporção que a criação do Espírito. Ambas se complementam.

A matéria é para o Espírito um meio de progresso e se apresenta nas mais diferentes configurações, atendendo às necessidades de cada dimensão.

Para os planos mais materializados, está dimensionada de acordo, assim como continuará a ser instrumento necessário nos planos mais sutis, servindo na proporção e utilidade exata da mente que a emprega.

Em nenhum momento, vemos Espíritos mais sábios, missionários do Senhor, atuando contra o veículo em que se manifestam: o corpo físico. Ao contrário, lembrando o iluminado apóstolo dos gentios, quando ensina que o corpo é o templo do Espírito.

O próprio Senhor planetário, Jesus, lhe valoriza a bênção e oportunidade de sua utilização.

Os mentores amigos nos esclarecem que o corpo não é causa de perda ou erro, mas, sim as escolhas do Espírito, e quando este aproveita as oportunidades buscando melhorar-se intimamente, esta melhora se reflete também no corpo material.

O hausto do Criador materializado nos oferece o veículo com o qual nos aprimoramos. E Espíritos que somos, hoje mais conscientes de nossos deveres e potencialidades, não podemos mais enxergar o produto da Criação divina como algo imperfeito ou provido de equívocos.

O Senhor nosso Pai, cria e, dentro da Sua Criação, temos dois elementos que constituem o Universo e tudo que nele existe: o Espírito e a Matéria.

A compreensão exata dessas realidades nos fará cônscios de nossos encargos como participantes do Universo, no exercício divino do criar, guardada a proporção de nossas limitações diante do Criador. Mas, não menos importante, em relação à nossa filiação, pois somos sucessores diretos do Seu amor e protagonistas de nossos destinos.

1.2 Imortalidade

Fomos criados à imagem e semelhança de Deus. Imagem essa que, durante milênios, e resistindo até os dias atuais, sempre foi entendida como de características totalmente humanas, com os acertos e equívocos que nos são inerentes. Era bastante compreensível e razoável que pensássemos assim por conta de nosso entendimento limitado.

Verdadeiras crianças espirituais, necessitávamos de um modelo que se identificasse com nosso grau de conhecimento e compreensão. Deus para nós era o desdobramento do homem forte e bom para a coletividade, o exemplo para a tribo, que, após a sua morte, tinha, via de regra, sua memória cultuada. Muito natural que comparássemos Deus a nós mesmos, e criamos um Deus à nossa imagem e semelhança, com preferências e humores oscilantes, que, na realidade, correspondiam mais a um guia, ou seja, mais um Espírito protetor do que o Criador, verdadeiramente.

Claro estava que Ele deveria ser eterno, apesar do termo não corresponder à realidade. Deus é sempiterno, cuja origem é do latim "sempiternus", que significa "tempo sem fim" e não "eterno", cuja significação, também na mesma língua, é semelhante a "tempo indefinido".

É natural que, sendo criados à Sua imagem e semelhança, sendo Seus filhos e filhas, herdaríamos as Suas qualidades; entre elas, a "eternidade".

Manteve-se fortemente essa crença na eternidade

do Espírito, porém, se existe um momento de Criação desse mesmo Espírito, como entendê-lo "eterno", ou mais corretamente, "sempiterno"?

Precisaríamos de mais tempo até alcançarmos a maturidade espiritual necessária e recebermos bases mais sólidas. E isso ocorreria em 18 de abril de 1.857, em Paris, na Galeria D'Orleans, no Palais Royal, com o lançamento do "O Livro dos Espíritos", que ditava a base da Doutrina, sendo a primeira obra da Codificação de Allan Kardec, e que traria luzes ao mundo a respeito de nós mesmos e de Deus.

O Espírito não seria simplesmente uma concepção pronta e acabada por Deus para viver uma única existência e ter seu destino fixado depois dela e, dependendo de seu desempenho, permanecer em definitivo num inferno de torturas ou num céu de contemplação, onde desfrutaria de uma ociosidade que poderia se tornar um verdadeiro "inferno".

A Doutrina Espírita nos mostra a beleza da Criação em toda a sua abrangência, demonstra como é o encadeamento lógico da evolução do princípio inteligente e seus estágios pelos reinos conhecidos, no sentido de aprimorar e automatizar aquilo que é necessário para o seu desenvolvimento.

Sua passagem se dá pelos reinos: mineral, vegetal e animal, para atingir a condição hominal, ainda dentro da primitividade do ser nos primórdios do seu processo evolutivo, para um dia alcançar o estágio de homo sapiens *sapiens*. A marcha do ser mostra-nos a beleza da Criação e sua sabedoria.

Não estávamos mais fadados aos sofrimentos ou contemplações eternas, mas ao processo dinâmico do progresso, como citado em "O Livro dos Espíritos", na questão 540: "Do átomo ao arcanjo, tudo se encadeia na natureza".

Estávamos então, diante do momento supremo de nossa Criação. A realidade nos mostra que, se não existimos durante toda a "eternidade" como Deus, fomos criados em determinado momento.

ESPÍRITO ➡

Foi criado por Deus em algum momento. Teve um início, mas não terá um fim, não morrerá.

⬅ DEUS ➡

Não teve início e não terá um fim, é eterno ou sempiterno.

Somos criados para a imortalidade, tendo começo e não fim. E o fim de nossa criação, se assim podemos nos expressar, é a perfeição com semelhança relativa, uma vez que a perfeição absoluta é a de Deus.

Como seres imortais, o presente nos oferece a oportunidade da construção nobre, da participação direta na Criação, dando-nos a base para a imortalidade de luz, cheia de esperança e trabalho, destruindo os conceitos de um Deus imperfeito que reservaria dores infinitas para os Seus filhos e filhas, os quais, por desconhecimento e inexperiência de vida, estariam fadados a destinos fatídicos.

Nossa imortalidade nos aponta a glória de servir, o crescimento e a oportunidade de um dia habitarmos as moradas celestes, os mundos perfeitos, o tão propalado Reino de Deus, que, nos ensinos de Jesus, sempre esteve e está dentro de nós.

Capítulo 2

O que é mediunidade?

Quando falamos de mediunidade, referimo-nos ao processo que possibilita a comunicação entre as dimensões física e espiritual, o intercâmbio entre os Espíritos encarnados e desencarnados.

O Espírito é imortal. Para conquistar sua evolução utiliza-se da reencarnação. Neste processo, ora habitará a materialidade, ora a espiritualidade. A linguagem universal do Espírito é o pensamento, para o qual não existem barreiras, nem mesmo existências em dimensões diferentes. O médium intermedia a comunicação da espiritualidade para a materialidade. Este processo sempre existiu, e os intermediários eram os médiuns, mas, por falta de terminologia específica para defini--los, receberam várias denominações em épocas e culturas diferentes, como por exemplo; os profetas.

Mediunidade é oportunidade de servir, de ser útil, de efetuar o contato com a espiritualidade que comprova a imortalidade do Espírito.

Mas se a mediunidade é a comunicação entre dois planos, quando esta faculdade se originou? Obviamente, desde o instante em que o princípio inteligente promoveu-se para a condição de Espírito, considerando--se aí as limitações decorrentes do seu primitivismo.

Mediunidade primitiva, poderíamos considerar aqui como relação pura e simples dos interesses imediatos do ser que vivia uma realidade de sobrevivência, não almejando grandes saltos dentro do terreno da moralidade, por ainda não estar desenvolvido para tanto.

Vemos em todos os povos, as manifestações da mediunidade atendendo às mais diferentes necessidades, das mais corriqueiras às de ordem moral elevada. Isso se dá em qualquer tempo, dependendo do interesse do agrupamento que se dispõe ao contato ou do indivíduo que sirva ao intento, sempre respeitando os interesses de cada um.

Quando então, temos a mediunidade classificada como algo que perturbaria a vida de indivíduos ou de grupos? A informação não é única, mas a mais comum encontra-se no Velho Testamento, em Deuteronômio, 18: 9 a 14; Levítico, 19:31 e Números, 11:26 a 29, quando supostamente Moisés, o grande líder dos hebreus, teria proibido a manifestação e o intercâmbio com os Espíritos. Interessante notar que, se a proibição tivesse um cunho de verdade absoluto, o próprio Moisés, como líder e exemplo máximo para o seu povo, não recorreria ao intercâmbio com os Espíritos sempre que a necessidade ou oportunidade tivesse se apresentado.

Os exemplos máximos desse intercâmbio encontram-se nos Dez Mandamentos, que podemos classificar como um código de respeito moral a Deus, a nós mesmos e ao semelhante. É um verdadeiro roteiro sintético de reforma íntima. Estes mandamentos foram recebidos via mediúnica. Muitos praticantes das mais diversas religiões, acreditam que o missionário em questão, ou seja, Moisés, os teria recebido diretamente de Deus.

Cabe sempre um questionamento nesse ponto:

"Mesmo que fosse possível receber os mencionados mandamentos diretamente de Deus, já não teríamos aí a mediunidade?".

Mas os incrédulos ainda hoje insistem em se opor ao óbvio por comodismo ou interesse e, esse mecanismo verdadeiramente abençoado, consolador e orientador da transformação moral do ser, continua a ser tratado como "coisa" de ocultismo supersticioso e, portanto, observa-se suas manifestações com alto grau de suspeita.

Não estamos aqui nesta obra, em absoluto, considerando a aceitação sem qualquer análise, sob pena de fazermos coro com aqueles que aceitam as manifestações sem qualquer grau de critério ou responsabilidade. O insigne codificador da Doutrina Espírita, Allan Kardec, em vários momentos de seu hercúleo trabalho, nos motiva a passar tudo pelo crivo da razão através do estudo sistematizado, do bom senso e da análise crítica. Erasto, no "Livro dos Médiuns", capítulo XX, item 230, nos traz o seguinte ensinamento: "*Mais vale rejeitar dez verdades do que admitir uma única mentira, uma única teoria falsa*", e João, 4:1, nos alerta também sobre o fato de não aceitarmos cegamente todas as informações que vêm dos Espíritos, mas antes buscarmos se aquele que se comunica provém de Deus, para não nos tornarmos presas dos falsos cristos e falsos profetas.

A mediunidade como ferramenta poderá se apresentar no bom ou no mau, servir às causas mais nobres, e também às mais vis.

Entretanto, um bom instrumental utilizado em mãos incompetentes, não pode ser invalidado. O problema da boa ferramenta está na competência do profissional que a maneja, porque, por si só, ela não poderá receber o mérito do trabalho realizado. Nossa atenção e estudos deveriam se voltar mais para os médiuns do que para a mediunidade em si, pois é ele, o médium, que fará a sua aplicação, o manejo adequado de sua capacidade mediúnica.

A mediunidade da mesma maneira que o ar, não privilegia a ninguém, mas beneficia e se mantém comum e necessário para todos.

Dela não devemos nos tornar dependentes, em absoluto, mas valorizá-la e utilizá-la na medida das nossas necessidades. Necessidades estas que se relacionam com a evolução do ser - dentro do processo de evangelização da criatura - de sua ligação objetiva com Deus e na orientação segura da nossa própria realidade, que é a espiritual.

Suas manifestações mais objetivas ocorrem de forma organizada, como nos informa Sir Arthur Conan Doyle, na importante obra de sua autoria, "A História do Espiritismo". Quando o terreno encontra-se preparado, no que diz respeito à maturidade do ser, mais aberto à sua própria realidade como o Espírito que é, podendo reacender a chama viva do questionamento a respeito de si mesmo, sem que para isso tenha de pagar com a própria vida, a criatura busca encontrar respostas para perguntas simples, como por exemplo: "De onde venho? O que faço aqui? Para onde vou?".

Questões aparentemente simples, mas profundas. A criatura humana não se aceita mais como uma máquina com defeitos e fadada a ser enviada para um tipo de manutenção eterna que se daria em um Céu de ociosos ou em um Inferno de sofrimentos, promovida por uma divindade que ela não entende, porque a trata ora como um pai e ora como um dos piores carrascos.

A própria razão passa a repelir tamanho absurdo e ela quer saber mais, continua buscando respostas para as questões da sua destinação.

A mediunidade ressurge com todo seu esplendor, mais especificamente em Paris, por meio do grande trabalho do Mestre de Lyon, com revelações trazidas pela própria espiritualidade, não mais como um instrumento solucionador de problemas corriqueiros, mas como a alavanca trazendo os ensinos de Jesus em sua pureza original; dando-nos direcionamento e consciência sobre nós mesmos.

Volta a ser veículo auxiliar na transformação do ser, com a pureza dos primeiros tempos de Cristianismo, trazendo consolo em relação às separações dos entes queridos, separações que não aceitávamos e não entendíamos, e, justamente por isso, categorizávamos as mudanças de plano como "perdas", como se fosse possível perder o amor, o respeito e todo o aprendizado de uma vida.

Mais cruéis ainda foram os dirigentes religiosos, que, voltados para os interesses próprios e de dominação, anularam as possibilidades de nos comunicarmos com aqueles que amávamos, excluindo dos ensinamentos do Cristo a reencarnação.

Renegando a reencarnação, o filho para a mãe deixaria de existir; e, se continuasse a sua existência, a comunicação com a criatura amada que mudara para o outro plano dimensional, estaria perdida.

Quando, em uma época em que a tecnologia nos abre a comunicação com o mundo, o simples fato de uma mudança dimensional determinará o nosso destino e estará, a partir daí, impondo o impedimento de um simples cumprimento, de um simples "estou vivo"? De fato, a ferramenta mediúnica ainda está sendo utilizada por muitos de maneira inadequada. Encontra-se também nas mãos dos predadores da felicidade alheia, misturando interesses imediatos com suas próprias irresponsabilidades, originárias de sua condição evolutiva que insistem em manter, levando, na sua ignorância, grandes multidões a equívocos desnecessários. Porém, a mediunidade com Jesus ressurge como uma fênix das cinzas, trazendo a transparência da verdade de que a vida continua nos mais diversos planos e da possibilidade da comunicação ser natural, porque o próprio Cristo nos ensinou que nada ficaria oculto para sempre.

Ressurge a mediunidade com as luzes imorredouras do Cristo sustentadas pelo seu Evangelho de redenção, a nos orientar para a nossa realidade como Espíritos, colocando-nos em relação não apenas com aqueles que amamos, mas principalmente com o Universo e com o amor de Deus.

Capítulo 3

Mediunidade e Espiritismo

Os que desconhecem a Doutrina dos Espíritos acreditam que a mediunidade, ferramenta e bênção divina para o despertamento e progresso da criatura, seja uma exclusividade do Espiritismo e que com ele tenha nascido.

O próprio Espiritismo não tem uma concepção específica, mas uma codificação realizada por Allan Kardec, sendo a Doutrina dos Espíritos o Cristianismo redivivo, em toda a sua grandeza e brilho. Porém, infelizmente, por não termos entendido a mensagem de amor do Cristo, acabamos por envolver o rico tesouro de Seus ensinamentos com o lodo de nossos interesses imediatistas.

O Espiritismo não é uma religião constituída ou aparamentada, mas representa uma ligação com a nossa realidade espiritual e com o nosso Criador. Portanto não tratamos o Espiritismo como a religião do futuro, mas, sem sombra de dúvida, como o futuro das religiões, como nos ensinou o sábio francês de Tours, Léon Denis. Futuro este como Cristianismo puro, na sua essência verdadeira, lastreado nos ensinos objetivos e transparentes do Cristo, sintetizando mandamentos, leis e profetas, em "amar a Deus sobre todas as coisas e ao próximo como a si mesmo".

Mediunidade é mecanismo que acompanha o ser em qualquer plano da Criação, e faz-se presente em nosso planeta desde as eras mais remotas, quando a criatura ainda rudimentar comunicava-se com os chamados "mortos", que continuavam mais vivos do que nunca, e com metodologia comum, visavam atender suas necessidades mais prementes de acordo com o seu entendimento.

Os sacerdotes, os profetas, os pajés, as pitonisas e

oráculos eram consultados e tidos como seres privilegiados, detentores de poderes divinos. Na história das civilizações antigas como Egito, Grécia e Roma, entre outras, a mediunidade recebeu citações importantes. Estes médiuns tidos como semideuses influenciaram a história do mundo, decidindo guerras, comandando exércitos e orientando governantes crédulos e temerosos. Temos ainda na Bíblia várias passagens que citam anjos e demônios, seres que nada mais eram do que Espíritos desencarnados se comunicando conforme suas possibilidades e entendimento.

Com Jesus, a mediunidade ganha novas cores e aplicações. *"Curem os enfermos, ressuscitem os mortos, purifiquem os leprosos, expulsem os demônios. Vocês receberam de graça; deem também de graça."* - Mateus 10:8, pede Ele aos seus discípulos. Ora, deixa Ele claro que os recursos para que fossem efetuadas as curas e auxílios não lhes pertenciam, portanto, não deveriam receber pagamento, mas oferecê-las gratuitamente.

Tempos depois, na Idade Média, vemos uma grande perseguição aos que possuíam a mediunidade. A falta de conhecimento, o fanatismo e os interesses escusos promoveram injustiças e dores, deixando os ensinamentos do Cristo de lado.

Por volta de 1.848, os fenômenos de Hydesville deram início a uma invasão organizada dos Espíritos para o estudo e codificação da Doutrina Espírita. As mesas girantes chamaram a atenção de Hippolyte Léon Denizard Rivail (Allan Kardec), que se dedica ao estudo sério e profundo da vida espiritual.

O Espiritismo na figura de Allan Kardec e de todos os Espíritos envolvidos na elaboração da codificação espírita, traz grandes revelações sobre a mediunidade e sua aplicação, retirando seu viés sensacionalista e sobrenatural.

À luz do Espiritismo, a mediunidade se alicerça na razão e na caridade, e mostra-nos os propósitos elevados da fraternidade necessária entre os mundos espirituais e materiais.

A mediunidade nunca foi, não é, e nunca será exclusividade de quem quer que seja, e está disseminada entre todos nós, não tendo distinção relativa ao ser que habita nosso planeta ou qualquer dimensão relativa a ele.

Poderíamos, com certeza, recorrer a muitas situações quando ela foi - e por que não dizer - continua sendo, extremamente mal utilizada, visando interesses imediatistas de pessoas ou grupos. Como instrumental que se apresenta, por analogia, pode ser manejada por bons ou incompetentes profissionais.

Apresentou-se das mais diversas formas, como sagrada e reservada aos escolhidos; e poderíamos perguntar: "Escolhidos por quem?". Porém, a mediunidade no Espiritismo toma outra conotação. Sai do âmbito de qualquer interesse imediatista em relação à vida e surge amparada e abençoada pelos ensinamentos de Jesus. Posiciona-se como alavanca do progresso, tanto do ser reencarnado como do desencarnado, envolta no amor que consola, que educa e que dá direcionamento para todos. Neste ponto, poderíamos dizer que a mediunidade surge com o Espiritismo? Neste, e tão somente neste aspecto, poderíamos considerar que sim, a mediunidade surge com o Espiritismo, que não a tem como propriedade, mas como veículo de contato entre dimensões.

É através dela que pesquisamos o mundo espiritual, principalmente o mais imediato. E temos já provado a continuidade e comunicação com os nossos entes queridos que nos precederam na grande jornada.

É também lição viva para todos, elevando-nos em conhecimento a respeito de nossa intimidade, motivando-nos ao gerenciamento de nossas próprias possibilidades, e, dessa forma, amparando-nos para a vitória final sobre nós mesmos. Quando lembramos Jesus nos últimos momentos de sua passagem pelo planeta dirigindo-se ao Pai, identificamo-nos como crianças que não sabiam o que promoviam para si mesmas.

A mediunidade nos tira do vale do desconhecimento, livrando-nos de consequências desastrosas, através das oportunidades de aprendizado com as experiências daqueles que nos sucederam.

Quanto tempo o homem poderá ganhar em seu caminho evolutivo sabendo utilizar a mediunidade, podendo reavaliar a própria história e também da humanidade, em verdadeiros processos de arqueologia psíquica! Evidentemente, fazemos aqui uma análise sintética dos seus benefícios, que se evidenciam cada vez maiores por nos colocarem mais próximos do amor de Deus.

Realmente, dentro desse plano e ótica surge nova aplicação para a mediunidade com o Espiritismo. Totalmente lastreada na pureza do Cristianismo, quando recordamos dos seus próprios apóstolos que, fazendo uso dela, sustentados que eram pelos ensinamentos do Evangelho, deram definição e valorização santificada para a ferramenta, que, por falta de direcionamento, esteve relegada ao plano de outros interesses por um longo período.

Capítulo 4

Sou médium?

Sou intermediário, medianeiro, quando trago um recado de uma pessoa para outra, mesmo que esta mensagem venha de outra dimensão, diferente da qual estou inserido.

Mas será que qualquer pessoa pode fazer esta intermediação?

Encontramos no "Livro dos Médiuns", questão 159, a seguinte explicação:

"Toda pessoa que sente a influência dos Espíritos,

em qualquer grau de intensidade, é médium. Esta faculdade é inerente ao homem." Segundo Kardec, todos nós estamos sujeitos à influência de outros Espíritos, e ela é inerente, pois a linguagem dos Espíritos se faz pelo pensamento.

Entretanto, continua dizendo:

"Pode-se dizer, pois, que todos são mais ou menos médiuns. Usualmente, porém, essa qualificação se aplica somente aos que possuem uma faculdade mediúnica bem categorizada, que se traduz por efeitos patentes de certa intensidade, o que depende de uma organização mais ou menos sensitiva." Na resposta objetiva da questão mediúnica do ser, poderíamos generalizar que sim, a rigor todos somos médiuns, mas nem todos exercerão as faculdades objetivas de comunicação com outros planos. Para ser médium é preciso expressar a interação com os Espíritos por meio de "efeitos patentes e com certa intensidade".

Muitos alunos iniciantes dos estudos mediúnicos se torturam com dúvidas em relação a sua mediunidade, a insegurança demasiada é elemento que dificulta a própria mediunidade.

Será que sou médium? Será que um dia poderei trazer mensagens da espiritualidade? As que trago, são realmente da espiritualidade, ou criações minhas?

No início, geralmente trazem um pouco de nós mesmos, mas com o tempo, a segurança, a manutenção da sintonia com a espiritualidade e o estudo constante capacitam o médium a trazer mensagens cada vez mais fiéis às ideias dos Espíritos.

A mediunidade pode se apresentar de formas diferenciadas de indivíduo para indivíduo. Alguns de forma ostensiva, outros mais sutilmente, como a inspiração. Estas faculdades se apresentam em diversas formas dentro do intercâmbio mediúnico. Não precisamos enumerar todas, até porque não teríamos espaço suficiente nesta obra e estaríamos repetindo grande parte do trabalho hercúleo do Codificador da Doutrina Espírita no "Livro dos Médiuns", que se constitui em um guia seguro tanto para o iniciante como para o estudante de mais longa experiência.

A mediunidade não pode ser encarada como profissão. Não devemos esperar construir carreira dentro da prática mediúnica, almejar esta ou aquela faculdade. Nossos anseios devem estar alicerçados em sermos bons, em nos prepararmos adequadamente para desenvolver a tarefa que nos compete. Mais importante que ser médium é ser bom, pois a nobreza de sentimentos, objetivos baseados na caridade e no bem para o semelhante são conquistas e demonstram a elevação moral das criaturas, favorecendo nossa sintonia com mentores e amigos espirituais. Importante lembrar que não importa qual o nosso grau de mediunidade, mas o que realizamos com a faculdade que possuímos. Utilizar nossas faculdades, inclusive a mediúnica, em favor do semelhante, é prova de que já estamos caminhando para a maturidade espiritual. Não podemos ser verdadeiramente felizes enquanto outros sofrerem.

Uma das maneiras mais comuns de aplicarmos nossa mediunidade em favor de nossos semelhantes é auxiliar dentro da casa espírita em assistências espirituais.

As assistências que visam o atendimento espiritual e físico para o encarnado, atendendo também aos desencarnados, são geralmente realizadas em equipe.

Dentro de uma sala mediúnica, algumas faculdades se apresentam de forma mais frequente: a psicofonia, a psicografia, a vidência, a audiência, o desdobramento, e a mais comum, é a inspiração. Como o próprio termo já nos leva a entender, a sala mediúnica é o ambiente onde trabalharemos em equipe com a espiritualidade, e todos que lá estão sofrerão a influência de alguma forma. Assim sendo, nenhum médium deverá menosprezar sua condição de interação com a espiritualidade, pois a soma de todas as faculdades mediúnicas se faz necessária para a excelência do atendimento espiritual.

Mediunidade é mecanismo de intermediação, podendo se apresentar, como já dissemos, em aspectos dos mais variados. Desta forma, o médium não pode utilizá-la em benefício próprio, a não ser no processo autoeducacional, no sentido de reformar-se dentro dos parâmetros do Evangelho de Jesus. Tratamos aqui da sua utilização calcada nos interesses imediatistas e pessoais, seja de valores financeiros ou até mesmo de reconhecimento.

Por vezes, bem o sabemos, o endeusamento é pagamento bem aceito por aqueles que podem estar em missão para si próprios, não por Jesus ou pelo Evangelho.

As dúvidas sobre a mediunidade são naturais, mas devemos buscar o estudo e a transformação moral, que são a base para a sua boa aplicação com Jesus.

Para isso, não nos cansaremos de sugerir o estudo sistematizado da Codificação e de obras complementares de Emmanuel e André Luiz, da lavra de nosso iluminado Francisco Cândido Xavier.

A mediunidade tal qual se apresenta para o intermediário, recebe a diretriz segura do Cristo: "Dai de graça o que de graça recebestes".

E se de nossa parte a ferramenta não está momentaneamente inserida em nossas tarefas, busquemos a inspiração divina do meigo Rabi da Galileia para nos indicar os caminhos seguros para o exercício no bem.

Capítulo 5

A mediunidade e os aspectos supersticiosos

Superstição é a crença em situações que não podem ser explicadas de forma racional ou empírica. Está aliada ao pensamento de uma força sobrenatural que pode agir para ocasionar certas casualidades.

Infelizmente, não são poucas as inserções de natureza supersticiosa que se faz com a tão importante, bela - e por que não dizer - divina mediunidade.

Como em tudo no âmbito de nossas vidas é necessário o uso da razão e ponderação.

O candidato, que se interesse pelo seu estudo e educação, deverá sempre estar atento aos ensinamentos disponíveis em "O Livro dos Médiuns", que o codificador nos legou como um verdadeiro roteiro de bom senso, para que tratemos do serviço de intermediação de forma responsável e coerente. Entendendo que o que a maioria das pessoas chama de sobrenatural, á luz do Espiritismo, se torna perfeitamente natural.

Nossa ligação com o Pai é direta, ocorre pelo pensamento e depende tão somente dele, não necessitando de situações externas, mas da essência, de nosso sentir e do nosso pensar.

A mediunidade deverá ser tratada com responsabilidade, dentro da ótica do Evangelho de Jesus. Portanto, não é necessário para o médium adotar posturas físicas, descruzando pernas ou braços em virtude de interromper fluxos energéticos, tirar o calçado para que energias sejam dispersas, sentar dessa ou daquela maneira em cadeiras ou bancos, utilizar-se de vestimenta de cor clara para que as cores mais escuras não atraiam entidades em situação de sofrimento ou desequilibradas, ou ainda, desestabilizar energias e fluidos por conta das cores. Mas adotar posturas mentais adequadas, observando acima de tudo a intenção que temos em relação ao trabalho a que nos propomos. O médium acima de tudo deve procurar evangelizar-se, disciplinar-se e usar do bom senso em suas atividades.

Não foram poucas as oportunidades em que pudemos observar a inserção de complicadores nas sessões mediúnicas, situações criadas por irmãos que não se detiveram ao estudo aprofundado e ainda acreditam mais no formato, de não poder entrar no grupo mediúnico pela direita ou pela esquerda, por exemplo, do que na essência de se sustentar o pensamento elevado e as boas intenções.

Não estamos aqui sugerindo condutas inadequadas, pois cabe-nos o cuidado e respeito para com os demais componentes do grupo e para conosco.

O que precisamos evitar a todo custo é tratar a mediunidade de forma que a exponha e possa apresentá-la com aspectos inapropriados ou desnecessários, comprometendo tão valiosa ferramenta e transmitindo, principalmente para os iniciantes, uma imagem negativa, assustadora ou mesmo doentia, pois como diz Kardec, nossa fé necessita ser raciocinada, e a forma como vivenciamos esta fé, diz muito de nós mesmos.

Médium responsável e equilibrado é aquele que visa

aprimorar-se para servir de instrumento para a melhoria do seu semelhante, sem rodeios, fetiches, fórmulas, roteiros e qualquer outro recurso que esteja em desacordo com os princípios do Evangelho, que nos ensina a desenvolver uma fé raciocinada, pois compreende que Deus está em todos e nós estamos Nele, e que o mais importante a ser trabalhado são nossos próprios sentimentos e o entendimento das propostas redentoras de Jesus.

Capítulo 6

Mediunidade, obsessão e transtorno mental

Temos nos deparado no correr dos anos, com situações que demonstram o quanto ainda precisamos aprender sobre os aspectos mediúnicos. Em inúmeras oportunidades, temos visto a mediunidade sendo tratada como transtorno mental e transtorno mental como mediunidade, o mesmo engano se dá com os processos obsessivos.

Vezes sem conta se apresentam pessoas com necessidades de uma assistência especializada na casa espírita, por demonstrarem sensibilidade alterada, problemas obsessivos, imaginação superexcitada, ou ainda portando transtornos mentais, necessitando também de cuidados médicos, e, não raro, são encaminhadas para cursos de educação mediúnica ou para trabalhos específicos, criando maior desequilíbrio em sua estrutura já fragilizada.

A falta de conhecimento é um grande entrave na prática e na orientação da mediunidade.

Cada vez mais, chegam pessoas á casa espírita portando os chamados transtornos mentais, e precisamos com urgência de entender estes processos, não como médicos, evidentemente, mas conhecer o mínimo necessário para melhor lidar com estes quadros, que muitas vezes nem são reconhecidos por seus portadores e familiares.

Segundo especialistas transtornos mentais são alterações do funcionamento da mente que prejudicam o desempenho do ser na vida familiar, social, pessoal, profissional, nos estudos, na compreensão de si e dos outros, na possibilidade de autocrítica, na tolerância aos problemas e na possibilidade de ter prazer na vida em geral, entre eles podemos citar a ansiedade, depressão, distúrbios alimentares, dependência química, demência, síndrome do pânico, esquizofrenia, etc. Podem afetar qualquer pessoa em qualquer época da sua vida. Na realidade, elas podem causar mais sofrimento e incapacidade que qualquer outro tipo de problema de saúde.

Um dos grandes problemas do transtorno mental é o preconceito que pode dificultar a busca de ajuda pela pessoa que sofre e também dos que com ela convivem.

Nem todos os portadores de transtorno mental estão aptos à tarefa mediúnica, pois alguns transtornos impossibilitam o equilíbrio emocional e o discernimento da realidade necessário às comunicações a serem efetivadas de modo a auxiliar sem prejudicar-se, e que poderia agravar ainda mais sua condição.

Dois termos apresentam um papel preponderante nos transtornos mentais: a *neurose* que designa os "transtornos mentais que não afetam o ser humano em si", ou seja, aqueles supostamente sem base orgânica nos quais o paciente possui consciência e uma percepção clara da realidade e, em geral, não confunde sua experiência patológica e subjetiva com a realidade exterior. Já a *psicose*, engloba os transtornos mentais que afetam o ser humano como um todo, ou seja, um transtorno no qual o prejuízo das funções psíquicas atingiu um nível tão acentuado que a consciência, o contato com a realidade e a capacidade de corresponder às exigências da vida se tornam extremamente diferenciadas e, por vezes, perturbadas. Nestes casos é desaconselhável a prática mediúnica.

O que hoje conhecemos como transtorno mental, já foi catalogado como loucura; louco é dito daquele que perdeu a razão.

Na antiguidade, a loucura era atribuída a várias causas, à vontade dos deuses, a problemas íntimos e a distúrbios do organismo. Mas a visão que talvez tenha tido maior destaque seria a da Idade Medieval, quando a loucura estava ligada a processos demoníacos, ou de possessão. E por causa desta crença, talvez tenhamos e continuamos a cometer tantos enganos.

Segundo Doutor Bezerra de Menezes no livro Loucuras sob um Novo Prisma nos relata que em pesquisas por ele realizadas em manicômios da época, demonstraram que muitos dos internos sofriam de processos obsessivos.

Ações devem ser coerentemente tomadas para que não incorramos nestes equívocos, sendo urgente uma análise mais aprofundada, onde se faz necessário unir a espiritualidade e a medicina. .

Dirigentes experientes, bem preparados, em sintonia com a equipe espiritual, poderão realizar adequadamente a triagem destes casos, para que seja possível uma orientação e encaminhamentos corretos e adequados, que proporcionem uma real melhoria àqueles que vêm buscar auxílio e orientações.

Por vezes, a condição da sensibilidade alterada pelo envolvimento espiritual do assistido, iniciante ainda no entendimento dos fatos espirituais, leva-o a fazer colocações do tipo:

"Quando cheguei ao Centro, via Espíritos ou me comunicava com eles, mas depois da assistência, a minha mediunidade desapareceu!"

Está claro para todos nós que mediunidade não desaparece, mas pode, entretanto, ser bloqueada ou suspensa pela espiritualidade em casos específicos de tarefas mediúnicas. Aqui não nos referimos a uma tarefa mediúnica, mas à confusão que geralmente se faz do processo obsessivo, como sendo uma suposta mediunidade.

Em um quadro obsessivo verificaremos uma afinidade e similitude de pensamentos e ideias por parte dos envolvidos. Dentro deste processo, o encarnado, por se encontrar em simbiose espiritual, poderá sentir, ver, ouvir e perceber de alguma maneira o seu hóspede enfermo.

Podemos causar grandes sofrimentos e desequilíbrios aos nossos irmãos com uma avaliação incorreta, uma vez que se pode intensificar a comunicação que deveria ser tratada. Isto só vem a justificar os cuidados que devemos tomar com os que chegam à casa espírita. Assisti-los espiritualmente e encaminhá-los para as escolas, onde serão orientados e estimulados ao estudo e reformulação interior, é o caminho mais adequado e justo para aqueles que desconhecem o intercâmbio mediúnico.

Médium bom é médium equilibrado, disciplinado, evangelizado e estudante regular, tanto da Codificação como também de obras complementares.

Quando desconsideramos o estudo disciplinador e o estímulo à evangelização, certo será que, na maioria das vezes, estaremos contribuindo para a perda de talentos e futuros trabalhadores da seara espírita. Sem o preparo adequado, encontraremos os desiludidos que acreditam que a mediunidade é privilégio divino, ou mesmo que médiuns são criaturas especiais e diferenciadas. Poderíamos dizer que a real diferenciação para o médium, é pura e simplesmente de maior responsabilidade.

Em outras ocasiões ainda, vemos algumas pessoas que se candidatam ao serviço mediúnico, mas que necessitam de tratamento específico dentro da área médica, por apresentarem problemas de saúde física que prejudicam a ferramenta de intermediação entre os planos físico e espiritual. Novamente destacamos a importância do orientador esclarecido que recebe os candidatos com discernimento e preparo para uma análise criteriosa, dentro dos esclarecimentos encontrados principalmente em "O Livro dos Médiuns".

Como qualquer atividade aonde o indivíduo se mostra com talentos, como o poeta, que nasce poeta ou ainda o cantor, que nasce cantor, ambos possuem talentos, mas nem por isso são dispensados de cursos técnicos, para que aprendam a usar o talento que construíram ao longo de suas existências da maneira mais proveitosa possível.

O que seria do escritor talentoso que se recusa ao estudo da língua ou mesmo das primeiras letras?

Lembremo-nos do nosso Francisco Cândido Xavier, modelo de disciplina e estudo constante que, em certa conversa com o seu mentor espiritual, Emmanuel, perguntou sobre a possibilidade de produzirem romances, já que este tipo de trabalho poderia ampliar ainda mais a divulgação da Doutrina.

Emmanuel, respondendo ao seu questionamento, disse que se o médium tinha real interesse em psicografar romances ou histórias verídicas de forma romanceada, que fosse estudar literatura. E assim foi feito.

O que salientamos com esta informação é a necessidade do preparo conveniente de médiuns e principalmente de orientadores, para que evitemos equívocos em relação às manifestações destacadas pelos iniciantes da Doutrina.

Não estamos aqui sugerindo um manual para o candidato ao serviço mediúnico, nem tampouco um livro de normas para dirigentes ou responsáveis pelo atendimento desses mesmos candidatos na casa espírita, mas alertamos para as situações equivocadas dentro do terreno tão sutil e, ao mesmo tempo, tão importante para a criatura humana, que é a abençoada ferramenta mediúnica.

A falta de preparo adequado e orientação levam o candidato ao desânimo, e podem afastá-lo da escola de educação mediúnica ou de sua continuidade no quadro de trabalhadores da casa espírita.

Em caso de dúvida, optemos pelo amor, como nos ensina o elevado mentor espiritual, Emmanuel, sabendo que o amor educa, corrige e dá direcionamento e não é, nem nunca será, uma postura de aceitação total, no intuito de agradar a todos.

Lembrando Jesus: "Que o seu sim, seja sim; e o seu não, seja não". Amor por excelência, o grande Mestre e Senhor do nosso planeta, sempre pautou pela educação de Seu rebanho, nunca simplesmente aceitando posições equivocadas desse ou daquele, para contemporizar e buscar agradar àqueles que precisavam de reprimenda.

Capítulo 7

Por que a mediunidade inspira receios?

P or que muitas pessoas receiam um assunto tão simples e que faz parte da vida de todos nós? Claro está que todo processo iniciante traz-nos inseguranças, como a criança que ensaia os primeiros passos, mas daí o medo a ser instaurado, há uma grande distância.

A insegurança, o preconceito e o medo são combatidos com estudo, exercício e, acima de tudo, fé em nós mesmos e em Deus.

A mediunidade presenta-se das mais diversas formas, não sendo idêntica em suas manifestações, uma vez que os sentimentos, valores e experiências de cada um têm influência direta em seu processo.

Manifesta-se tanto para o ser consciente, que tem na figura do seu próximo um irmão em Deus, quanto para o indivíduo que ainda necessita do exercício no terreno das noções básicas do respeito.

O caráter de cada um define a sua utilização, bem como as pessoas que irão fazer parte desta relação, sejam encarnados ou desencarnados.

O próprio homem colaborou para que as manifestações mediúnicas fossem classificadas ao longo do tempo como situações milagrosas ou como bruxaria e classificações afins.

Se o entendimento era prejudicado, não apenas para dominar ou obter resultados imediatos e exclusivistas, o que dizer então quando essa esplêndida ferramenta foi classificada como "coisa do demônio"?

Durante longo período, e ainda nos tempos atuais, não é incomum ouvirmos colocações do tipo: "Não costumo mexer com essas coisas". Como se a mediunidade fosse coisa externa à criatura e, ao mesmo tempo, danosa.

Apesar de o Cristo estimular a sua utilização devidamente educada no amor - a começar com seus apóstolos - distorcemos seus ensinamentos e nos associamos às questões do poder e do mando, começando a classificá-la como "manifestações demoníacas" de um lado e "milagres" do outro.

Naturalmente que os chamados "milagres", que não eram nada mais do que a sua manifestação das mais diversas formas, eram assim classificados quando a pessoa responsável pelos mesmos estivesse debaixo do nosso mando ou, em outras palavras, fosse do nosso grupo. Aí tripudiamos em cima do bom senso e transformamos manifestações possíveis para qualquer pessoa que delas se utilizem com seriedade, em condição divina e privilegiada de alguns, e atribuímo--lhes santidade.

Cegos conduzindo cegos no ensinamento sublime de Jesus. Isso tudo até o ponto da exaustão da ignorância, quando o advento do Espiritismo, vem nos livrar da cegueira que impusemos a nós mesmos, tirando-nos a venda e quebrando as amarras da ignorância a respeito das nossas próprias possibilidades, colocando-nos em harmonia com a nossa realidade de Espíritos que somos.

A ferramenta mediúnica deixa de ser apresentada

com características exclusivistas dos eleitos ou ferramental demoníaco a partir da Codificação, brilhantemente elaborada por Kardec e os benfeitores espirituais.

Surge em toda a sua exuberância e simplicidade, colocando-nos em contato direto com aqueles que nos precederam na viagem à nossa verdadeira pátria, que é espiritual, mas também nos trouxe de volta às nossas origens, à nossa essência e colocou-nos em contato com Deus e o Seu amor.

Quebrou a estrutura do receio ou preconceito em relação a essa abençoada oportunidade que a mediunidade nos oferta, através do estudo sistematizado, da reformulação íntima e do nosso esforço no sentido de nos evangelizarmos e colhermos os frutos abençoados para nós mesmos e para os nossos semelhantes. Frutos de sabedoria, de amor, de consolo, enfim, frutos de Deus, que Jesus nos trouxe há mais de 2.000 anos.

Mediunidade equilibrada somente será aquela que estiver embasada no Evangelho do Cristo.

Se a mediunidade é ferramenta abençoada à disposição do ser, se sua origem é divina, tal qual nós pela nossa filiação, e se Deus nos ama absolutamente, tudo aquilo que Dele recebermos só poderá ser fruto do Seu amor infinito.

Recorrendo outra vez ao Evangelho Redentor do Cristo: *"Qual dentre vós, se o filho lhe pedir pão, lhe daria uma pedra, e se lhe pedisse um peixe, lhe daria uma serpente? Se nem vós fazei isso aos vossos filhos, que dizer Deus".*

Algumas simples observações podem ser feitas no que diz respeito às suas manifestações. Desabituados a trabalhar com a ferramenta mediúnica, aspectos variados podem se apresentar para o iniciante. Sensações físicas, apuramento da sensibilidade, fatores emocionais, entre outros, poderão ocorrer pelo óbvio da situação que se constitui em aparente novidade e, dependendo de como cada um de nós reage diante destas situações, elas poderão ser mais intensas ou não. Mas é natural, e nem poderia deixar de ser.

Podemos aqui realizar uma simples comparação como exemplo. Para aquele que não possui o hábito da prática regular de atividade física, nos primeiros momentos ou primeiros dias, as reações não se farão mais intensas em nosso organismo, até que a acomodação muscular ocorra?

A resposta traz tamanha obviedade que, se comparada à nossa proposta de intermediação com as diferentes dimensões da vida, podemos perceber que será solicitada a cada um de nós a paciência adequada para que possamos, por nossa vez, nos acostumarmos às diferentes situações que se apresentem. Diferentes no sentido de buscarmos a sutilização de pensamentos e atitudes, entendendo que mediunidade é relacionamento com o bem, com o equilíbrio e com o amor. Por vezes, nos afastamos por nos mantermos pura e simplesmente vinculados aos aspectos imediatistas da vida.

Evidente que as responsabilidades que nos são inerentes não serão negligenciadas, porque ser intermediário do bem não trará o afastamento de nossas obrigações diante da família e da sociedade.

Médium equilibrado é trabalhador incansável no bem; no seu progresso individual e dos seus semelhantes, nas atividades dentro ou fora do lar, onde se contribui para o progresso e bem-estar geral, em todos os aspectos que a vida nos solicite.

Capítulo 8

A importância do treinamento

Jesus já havia nos alertado que a seara é grande e é escasso o número de seareiros. Sem dúvida é uma verdade incontestável quando olhamos para as tarefas espíritas. Muito trabalho e sempre poucas pessoas para executá-lo.

Apresentam-se voluntários com muita boa vontade querendo auxiliar, mas compete-nos perguntar: "Será que estão convenientemente preparados para as tarefas às quais se candidatam"?

Todo auxílio é bem-vindo, é evidente, mas nem toda ajuda tem o resultado satisfatório quando não há qualificação para o trabalho. Então, cabe aos mais experientes e responsáveis pela atividade, ou mesmo pela instituição, a responsabilidade de assistir, preparar e educar, dentro dos padrões do Evangelho do Cristo, aqueles que demonstrem interesse para o trabalho na casa espírita ou na prática mediúnica.

É necessário direcionar a boa vontade dos menos experientes, para que não percamos talentos pelos enganos da falta de conhecimento.

Sem dúvida o processo educacional toma tempo e exige esforço de ambos os lados, do educador e do educando, mas não podemos esquecer que nem mesmo Jesus abriu mão da orientação conveniente aos seus discípulos. Sabia ele muito bem que não estavam ainda devidamente amadurecidos para a tarefa, que precisariam de tempo e foi esse investimento sagrado que fez Jesus. Educou e deu-lhes tempo para o desenvolvimento e, quando partiu para o plano espiritual, deixou preparados aqueles que dariam continuidade à implantação do Evangelho no mundo.

Saulo de Tarso foi outro grande exemplo. Sua conversão não se deu, pura e simplesmente, ao primeiro contato com o Mestre na estrada de Damasco, mas sim com um trabalho sistemático de reformulação de propósitos, estudo constante e meditação do Evangelho do Cristo no decorrer de três anos. Estudo, treinamento e capacitação não são de responsabilidade exclusiva do voluntário, e sim daqueles que desejam utilizar do talento que ainda se apresenta inexperiente, para que este possa fazer frente aos desafios que se encontram diante de todos nós, principalmente dentro da instituição espírita.

Capacitar o voluntário é transformá-lo em trabalhador consciente para que seja o mais produtivo possível e, ao mesmo tempo, auxiliá-lo no propósito de sua renovação moral, podendo assim oferecer os seus frutos para aqueles que procuram consolo, esclarecimento e transformação.

Vejamos alguns exemplos:

O voluntário que se posiciona na recepção, se não estiver bem preparado, utilizando os recursos da gentileza e da educação, poderá afastar com sua indelicadeza pessoas necessitadas, ou ainda o expositor ou orador, com palavras de reprovação ou preconceito, poderá levar ao desespero ou desesperança os corações que deveria soerguer e acolher. A pretexto de se falar a verdade, não se tem o direito de ferir aqueles que ainda se encontram em estado de desespero por erros que não souberam evitar.

Temos ainda o trabalhador na intermediação dos Espíritos. Quantas vezes já não nos deparamos com atitudes cruéis com os amigos desencarnados, tratados como verdadeiros facínoras, porque aquele que intermedia ou evangeliza, mantendo ainda preconceitos ou avaliações descabidas coloca-se na posição de juiz, quando tem acesso a apenas parte da história do encarnado e do desencarnado?

Por vezes, nem sempre, os dramas são muito profundos, datam de longo período e a apresentação que temos é somente a ponta do iceberg.

Portanto, nunca será demais insistirmos em investir em treinamento e preparação do trabalhador. Reciclagens, palestras e aulas que ilustrem temas e possam ser debatidos sem melindres de qualquer parte, fazem com que a equipe aprenda com os próprios erros e busque ser cada vez mais assertiva em suas propostas.

Jesus segue à frente para iluminar caminhos, educando sempre, porém, cabe a nós, aqueles que se posicionam como seus discípulos, buscar o preparo cada vez melhor para oferecer recursos mais apropriados ao trabalho no bem.

O que seria da madeira bruta sem a ferramenta para que o carpinteiro pudesse moldá-la? Só a sua boa vontade não produzirá a peça encomendada. Ferramentas de má qualidade não permitem a realização de um bom trabalho, com primor em seu acabamento.

Jesus é o carpinteiro de nossas almas, e nós as ferramentas que ele tem à sua disposição para esculpir o amor, a compreensão, a fraternidade e a solidariedade. Cabe-nos a conscientização para que sejamos as melhores ferramentas em suas mãos e tenhamos a satisfação do trabalho bem realizado.

Aquele que se voluntaria para o serviço com Jesus, tem como obrigação mínima o autoconhecimento através do estudo e de sua evangelização, e aquele que dirige sabe que é necessário assistir aos iniciantes para que o resultado seja o melhor possível.

A recomendação de Jesus no "Evangelho Segundo o Espiritismo" é de que nós, os Espíritas, busquemos amarmo-nos, mas também instruirmo-nos.

Capítulo 9

Reforma íntima

Através de Moisés e seus 10 Mandamentos, recebemos um código de reformulação íntima, dando direcionamento e iniciando uma nova etapa evolutiva para o habitante do planeta. Estes mandamentos estavam voltados com maior evidência para as necessidades de criaturas embrutecidas, iniciando seu processo de maturidade espiritual que, saindo das concepções politeístas para as do monoteísmo, começariam a elaborar uma ideia mais clara de Deus.

Após Moisés, vem Jesus e trabalha com o seu Evangelho, não só os pontos fundamentais direcionados a vida em sociedade, mas os da intimidade do ser em seus aspectos psicológicos mais profundos. Não mais e tão somente a necessidade do corpo, mas sim e principalmente, as conquistas do Espírito.

Não traz regras ou imposições, mas apresenta-nos um roteiro de bem viver, de relacionamento positivo conosco e com o próximo. É pedagogo da alma e, através do exemplo, ensina-nos os valores morais para o Espírito imortal.

Trabalha o novo código de mudanças verdadeiras, ensinando que o amor está em primeiro plano e que o processo de reformulação interior contempla o exercício do altruísmo e a quebra paulatina da vaidade e do orgulho, que são as reais enfermidades da alma.

A reforma íntima ganharia nova expressão com Jesus, levando o ser a entrar em contato com a sua própria realidade, que é a espiritual.

Mostra-nos a necessidade do perdão libertador, não restrito àquele que ombreia conosco a presente jornada, mas a todos e quantas vezes forem necessárias, pois somos irmãos, filhos do mesmo Pai e, como tal, devemos nos relacionar em harmonia.

O perdão possibilita-nos quebrar as algemas do passado para construirmos um presente mais equilibrado e desfrutarmos de um futuro mais feliz.

A liberdade encontra-se na disciplina do bem, pois quando a praticamos não nos aprisionamos em consequências negativas que nos chamam a ressarcimentos e correções. O bem pode se expressar em todas as circunstâncias, desde que estejamos atentos ao melhor caminho a seguir. Para isto, Jesus nos deixou os recursos benditos de seu Evangelho, que antes de ser consolador é educador, e passa-nos a clara mensagem de que perdoar é, antes de fazer o bem para os outros, fazê-lo para nós mesmos.

Ensina-nos que o amor nos direciona para a nossa realidade espiritual, indica-nos que não estamos restritos a uma única existência e que o Universo é o nosso lar.

A família deixa de ser um conglomerado diminuto e passa para a universalidade. Deus não mais é exclusivista e distribuidor de privilégios, mas Pai de todos e Amor Infinito.

A reforma íntima com essas novas cores, não se restringe mais aos aspectos sociais de onde vivemos temporariamente, mas à verdadeira possibilidade de colocar na trilha de reformulação aquele que a ela se candidata.

É possível realizar de um momento para outro todas as transformações necessárias que já identificamos em nós mesmos? É evidente que não. Como desvincular o ser de seu passado, de suas tendências, de seus maneirismos e pontos de vista? Deus não desrespeita, não exige o impossível, pois conhece-nos a fundo e dá-nos o recurso imprescindível do tempo, aliado silencioso e provedor de todas as realizações humanas.

Reformar é mudar, e toda mudança requer tempo, esforço continuado, paciência e muita, muita determinação.

Será um refazer e, apesar do conhecimento e repetição, precisamos desenvolver a humildade para aceitar as reincidências nos mesmos equívocos. Porém, esta humildade em aceitar nossas fragilidades não pode se tornar conformismo e acomodação, pois cabe a cada um de nós lutar por nossas conquistas espirituais.

Será um trabalho duro e constante, com foco no ponto a ser alterado, mas que não deve ser um processo de escravização, martírio e sofrimento.

A proposta não é sair de um problema criando outro. Se assim agíssemos, estaríamos deixando um hábito que nos escraviza para adotar outro tão negativo quanto o anterior. Reformar-se é fazer-se novo. É retirar material velho e colocar outro novo no lugar. Tome-se como exemplo uma reforma dentro de uma casa. Primeiro faz-se o reconhecimento do que precisa ser modificado, depois o planejamento. Devemos, entretanto, nos preparar para os inconvenientes de uma reforma e para a substituição dos materiais. Isso requer tempo e, acima de tudo, paciência.

Reconhecidos os sentimentos e hábitos a serem modificados, precisamos de coerência para trabalhá-los de acordo com as nossas possibilidades. Quem costuma ter dez prioridades, não tem nenhuma. Será de bom senso optar pelo confronto imediato aos hábitos e posturas que mais infelicitam a nós e aos que conosco convivem. O reconhecimento da necessidade de alteração de padrão, já é por si só processo de reforma.

O passo seguinte será a estratégia de como trabalhar o ponto a ser alterado. Como já dissemos anteriormente, não devemos substituir um hábito negativo por outro. Até porque estes não desaparecem, são substituídos. E, se necessitamos substituí-los, esse procedimento deverá ser bem pensado.

Se tivermos o hábito da crítica amarga, não será a

mudez uma solução adequada, mas o abrandamento nos comentários com o exercício e a mudança de nossas análises, admitindo que não detemos todas as informações, e então não estaremos isentos de errar na nossa forma de ver o problema, se ele realmente existir. Não sendo senhores ou senhoras de toda a história, estaremos nos posicionando de maneira imatura e precipitada diante do fato que se apresenta, podendo ele, apesar de verídico, ser simplesmente pequena parte de um todo maior e desconhecido.

Temos um velho ditado de que a verdade tem três lados: o nosso, o do outro e a verdade em si, que pode nunca ser conhecida por aquele que ouve, a não ser por Deus.

Para reformar-se é preciso a humildade de reconhecer a necessidade de mudança sem a pretensão de saber tudo. É fazer o bem a si mesmo e ao semelhante, que se beneficiará dos novos ares de nossa postura.

É processo inteligente e, como somos seres extremamente inteligentes, devemos desfrutar deste recurso maravilhoso em nós a favor de nós mesmos.

Repetimos, é inteligente ser bom e reconstruir--se, porque nos coloca diretamente em contato com a nossa realidade espiritual e com o amor que vibra no

Universo. Coloca-nos em contato com Deus, que nos supre das forças necessárias para as mudanças às quais nos propomos.

Fazendo uso dela, passamos da posição de negligência aos benefícios que estão à nossa disposição por graça do Criador, para a consciência de que somos Seus filhos amados e partícipes da Criação.

Capítulo 10

Melindres, inveja, ciúme e maledicência

Infelizmente, o melindre, a inveja, o ciúme e a maledicência ainda fazem parte de nossas vidas no planeta. Somos Espíritos imperfeitos, convivendo com outros Espíritos imperfeitos em um planeta de expiação e provas. Isto é uma realidade para a grande maioria da humanidade, entretanto, poderia se esperar condição melhor dos que buscam uma vivência mais espiritualizada. O Espiritismo é o Cristianismo Redivivo, e nos alerta sempre para a necessidade do processo de reforma interior, quando devemos pautar nossas vidas nos padrões do Evangelho do Cristo. No entanto, estes sentimentos desequilibrados ainda surgem entre médiuns, colegas de trabalho e dirigentes dentro do âmbito espírita.

Claro que muitos partirão em defesa, alegando que o ser aqui reencarnado não é ainda um Espírito elevado e que o seu processo evolutivo encontra-se em construção, e não ousaremos de forma alguma contestar o óbvio, mas buscar justificativas dentro desta ótica para continuar a ser a mesma pessoa, repetindo atitudes negativas sem o esforço da modificação é, no mínimo, imaturo.

Dentro do terreno que nos interessa nesta obra, que é o do trabalho de intercâmbio desprovido de qualquer aspecto utópico, místico ou, por que não dizer, fantasioso, não podemos aceitar o exercício dos aspectos que atrapalham e equivocam nossas realizações pessoais e de intermediação com os benfeitores amigos.

Orienta-nos o próprio Codificador, no "Livro dos Médiuns", que o médium não deve ser elogiado ou incensado, seja da maneira que for. Temos como exemplo clássico de humildade, a figura de Francisco Cândido Xavier que, em inúmeras oportunidades onde foi elogiado, referia a si mesmo como um "cisco", "uma criatura simplória", declarando certa vez considerar-se um "subumano". Observamos com tristeza a competição entre alguns corações quando, na realidade, nosso dever é o da cooperação. Inútil cultivarmos posturas negativas para com aquele que apresenta resultados melhores do que os nossos segundo nosso padrão de análise, porque, para Deus, todos os Seus filhos e suas respectivas realizações no bem, têm o mesmo valor, porque são guardadas as devidas proporções e necessidades de cada um.

Aquele que se apresenta com grau mais elevado de conhecimento, preparo e até faculdades mediúnicas mais expressivas, pode ter realizado investimentos e esforços por várias existências e intermitências no plano do Espírito, para que alcançasse tais resultados, sendo uma mera questão de construção, e não de merecimento privilegiado.

Cabe-nos, portanto, desconhecendo completamente as questões que movem tal criatura, apoiá-la integralmente com os nossos melhores pensamentos, porque, se desconhecemos a respeito de nós mesmos, como podemos avaliar o outro?

O melindre, a inveja, o ciúme e a cruel maledicência, além de afastar-nos dos objetivos nobres em relação ao trabalho no bem, afastam-nos de nós mesmos, de nossa essência divina, porque cria bloqueios pela repetição e consequente viciação psíquica, isolando-nos dos objetivos superiores da vida e, ao mesmo tempo, abrindo brechas para que o trabalho no bem sofra com mais com estes obstáculos.

Todos estes sentimentos estão alicerçados no orgulho, na vaidade e no egoísmo. Quando nos colocamos em uma posição de superioridade ilusória, é fácil nos melindrarmos, nos sentimos atacados e prejudicados, nos ofendemos facilmente. Somos crianças caprichosas e imaturas inseridas na escola da vida para o aprendizado da tolerância, da paciência, da renúncia e da compreensão que nos conduzirão ao aprendizado maior do amor.

É ensino de Jesus que os seus discípulos seriam reconhecidos por muito se amarem e, quando nos propomos ao trabalho com o Mestre, torna-se incoerente alimentar sentimentos tão antagônicos com os objetivos propostos.

Reformar-se é para todos nós um ponto de honra. Como interagir com a higiene, carregando lama no coração? Busquemos fazer o trabalho que nos compete com consciência do bem maior, realizando com Jesus e deixando os louros para Ele, que é o verdadeiro Senhor planetário e que, em última instância, sempre nos ensinou que a bondade era de Deus e não dele.

Portanto, como grandes desconhecedores dos desígnios divinos no que diz respeito aos compromissos de cada um, respeitemos o nosso trabalho como ele se apresenta e estendamos o que temos de melhor em nossos corações para aqueles que podem ter a coroa esfogueante das responsabilidades diante da causa do bem, lembrando que Jesus nos ensinou que dois mandamentos nos bastavam: amar a Deus sobre todas as coisas e ao próximo como a nós mesmos.

Desta maneira, a destruição da imagem daquele que possa se mostrar mais aparelhado que nós, não só pode criar-lhe embaraços em suas incumbências, mas também nos cria encargos diante da vida e das leis universais. Terrível seria servir de pedra de tropeço para a realização do bem e do amor.

Pensemos nisso!

Capítulo 11

Responsabilidade

É grande a responsabilidade do médium na seara espírita. Voluntário para a intermediação entre os dois planos da vida, coloca sua boa vontade e disposição no servir e, para alcançar resultados cada vez mais expressivos e sólidos no que diz respeito ao bem do próximo, estuda e trabalha em sua transformação moral, para que possa atender melhor preparado os corações em desespero e sofrimento, seja do encarnado ou desencarnado.

Quando nos referimos ao bem para com o semelhante, óbvio está que antes estaremos fazendo o bem para nós mesmos, dentro do processo simples de ação e reação; somos nossos próprios herdeiros e receberemos exatamente na mesma proporção do que doamos aos outros. Simples relação de causa e efeito, atendendo de forma justa a semeadura realizada. Lembrando Jesus: "Semeadura livre, colheita obrigatória".

É necessário refletir sobre a dinâmica do trabalho voluntário. Quando desenvolvemos uma tarefa de livre e espontânea vontade, com a responsabilidade de realizar um trabalho de qualidade, ofertando sempre o melhor ao nosso alcance, estaremos semeando o bem e evidentemente a colheita será abundante e repleta de alegrias.

Nosso compromisso mediúnico exige constância e disciplina.

Compromissos que não tenham caráter de emergência, como eventos sociais, devem estar agendados em datas que não interfiram com a nossa proposta de trabalho mediúnico na casa espírita. Tanto os trabalhadores do plano físico como do espiritual, contam conosco para a execução das tarefas relativas ao consolo e à instrução. O que seria dos pacientes de determinado hospital, se médicos e enfermeiros não se posicionassem de forma responsável para a execução das tarefas que lhes competem?

Faz-se necessária a conscientização sobre a disciplina exigida para a realização dos compromissos assumidos na casa espírita. Dirigentes e colaboradores mais experientes devem buscar dentro do exemplo e de treinamentos esta conscientização e educação. O Mestre não exigiu de seus discípulos certificados de santidade para convidá-los ao trabalho no bem. Todavia, orientou-os e aguardou que cada um alcançasse maturidade espiritual na medida em que participavam das atividades em favor do próximo. Exemplificando o amor, Jesus gradativamente os educou dentro do Evangelho.

Quantos erros não teriam cometido diante do Mestre? Não se equivocou grandemente o próprio Judas? Pedro não fraquejou diante do testemunho, quando negou Jesus? Porém, a seu tempo, todos entenderam a grandiosidade da missão do Cristo e posicionaram-se diante da tarefa a ser realizada com determinação e responsabilidade.

Em relação às nossas atividades mediúnicas, lembremo-nos de Jesus, que assumiu tarefa grandiosa em nosso favor trazendo-nos o roteiro de educação, que é o seu Evangelho, e que, no sacrifício máximo em favor da causa do bem e de nós mesmos, carregou a cruz e nela foi crucificado, dando-nos o maior exemplo de amor a Deus e a nós.

O Senhor não pede sacrifícios extremos daqueles que se voluntariam para o trabalho no bem. Na verdade, o que Jesus sempre nos pede é que nos amemos uns aos outros e, para amar, é necessário nos tornarmos responsáveis para com os objetivos que traçamos em nossa vida.

Capítulo 12

Intercâmbio consciente

A mediunidade deveria ser utilizada para o auxílio e esclarecimento, facilitando a comunicação da dimensão espiritual e material, e trazendo a contribuição de nossos irmãos espirituais para o progresso moral, além de consolo e motivação frente às nossas dificuldades, mas nem sempre ela é exercida com bases na moral elevada do Evangelho do Cristo. Por que sinalizar a questão do Evangelho na relação mediúnica? Porque o Evangelho é roteiro orientador da criatura, visando sua identificação consigo mesma, com sua espiritualidade e com seus valores intrínsecos. Valores estes contabilizados ao longo de suas experiências, adquiridos com estudo, trabalho árduo e constante. Não podemos menosprezar as experiências que construímos ao longo de nossas vivências no planeta ou nos períodos de intermitência, quando continuamos nossa jornada de aprendizado no exercício constante de elaborar para nós mesmos condições mais apropriadas de crescimento. Nestes aspectos, o Evangelho vai influir positivamente, tornando-se um guia seguro para nossas escolhas e decisões, auxiliando na espiritualização do ser e na construção do amor para conosco, para com o semelhante e para com Deus.

Poderíamos comparar a encarnação no planeta com a incursão em concorrida escola. Estaríamos ali inscritos para um curso de graduação de foro íntimo e com objetivos de crescimento intelectual, mas principalmente visando aquisições da inteligência espiritual. As regras desta escola seriam os valores e costumes da sociedade. Homens imperfeitos criam leis imperfeitas, deste modo, as leis humanas que regem a sociedade da qual fazemos parte têm suas falhas e imperfeições, que se ajustarão na medida do avanço moral do ser. Podemos usar como exemplo o uso das drogas lícitas, o álcool, o tabaco ou ainda o aborto que, na realidade, não são coerentes com a Lei Universal do Amor, pois trazem consequências prejudiciais tanto físicas quanto emocionais, apesar de serem aceitas e eleitas pela sociedade como cabíveis e justas.

Desta forma precisamos nortear nossas vidas pelo Evangelho redentor, não tirando proveito das situações criadas por estas leis imperfeitas, mas sim nos esforçarmos para cumprir as leis amorosas e justas de Deus que se encontram gravadas em nossas consciências. Pautar a vida pelo Evangelho será buscar a realização do que é melhor, mais justo, mais equilibrado e verdadeiro para todos e não só para nós mesmos. Devemos, entretanto, observar e considerar as limitações do indivíduo, uma vez que ocupamos a condição de estudantes e não de professores, e guardadas as devidas proporções que o momento evolutivo nos apresenta, o roteiro do Cristo, deve ser aplicado de forma racional e consciente.

É exatamente na construção desta consciência que deverá trabalhar o médium responsável e comprometido diante das suas propostas de realização no bem em favor do próximo, e por que não dizer, em favor de si mesmo. Sabedores dos ensinos de Jesus, de que aquilo que fizermos aos outros estaremos produzindo para nós mesmos, é necessário sempre buscar o melhor, dedicando-nos ao estudo sistemático, trabalhando constantemente no bem, buscando aplicar o Evangelho em nossas vidas, exemplificando a fraternidade e a compreensão em nossos relacionamentos e, por fim, procurarmos o fortalecimento em Jesus e em Deus, Nosso Pai, diante das dificuldades que surjam.

A verdadeira responsabilidade não está simplesmente em realizar aquilo a que nos propomos, mas em realizarmos da melhor forma. A consciência em relação à mediunidade está literalmente ligada ao desinteresse de caráter pessoal, e assuntos corriqueiros e de pouca utilidade. Ela deverá ser aplicada no socorro, consolo e educação do ser. Já vimos durante séculos, vários tipos de intercâmbios com o plano espiritual, aonde buscávamos médiuns, que apenas recebiam diferentes denominações, dependendo do local em que se encontrassem, que nos traziam comunicações rasteiras e plenas de interesses mesquinhos, de superioridade ilusória em busca de vantagens pessoais, mesmo à custa do prejuízo de muitos. Brincávamos com assuntos sérios, desvalorizando seu conteúdo, agindo como verdadeiras crianças espirituais. Mas como o carro da evolução não para e uma estação sucede a outra no que diz respeito à maturidade do Espírito, defrontamo-nos hoje com a necessidade de crescermos no bem. E crescer no bem exige a prática do respeito por si mesmo e pelo semelhante. Respeito que ultrapassa os aspectos regionais da existência planetária e estende-se a todas as dimensões que, através da mediunidade, temos a oportunidade de acesso direto. Nesse sentido, a ferramenta merece respeito, disciplina e justa aplicação do trabalhador.

O carpinteiro se utiliza da serra, mas com o devido cuidado para não prejudicar a matéria-prima de que o serve, além de não prejudicar a si mesmo, poupando-se de acidentes comprometedores para a sua função.

Estamos aqui fazendo um paralelo no que diz respeito à mediunidade que, como já dissemos e repetimos, sendo ferramenta divina em nossas mãos, necessitamos de equilíbrio em sua utilização. Não mais a negligência ou a infantilidade do comércio deprimente, da busca de soluções mágicas para solucionar problemas por nós criados irresponsavelmente, quando queríamos nos isentar dos seus efeitos e consequências. Agora, diante de nossa realidade e maturidade espiritual, a mediunidade se apresenta com toda a sua exuberância, na condição de veículo divino de comunicação entre planos variados. Mudam-se os interesses do atendimento imediatista do ser para a busca de realizações sólidas que nos preservará de aborrecimentos desnecessários, de enganos dolorosos e, ao mesmo tempo, esta ferramenta abençoada por Deus, em nosso benefício, abrirá as portas do bem e da verdade, colocando-nos diante da nossa realidade espiritual, assim como da nossa relação com o Criador. Não mais estaremos diante do recurso esclarecedor como crianças diante da vitrine de guloseimas, afoitas, curiosas e imaturas, mas sim participantes operosos da Criação, conscientes de nossa filiação divina e responsáveis pelas realizações do futuro, assumindo assim nosso papel de irmãos universais e filhos de Deus.

Capítulo 13

Vigilância

O ato de vigiar é tomar conta, zelar por algo ou alguém, prestar atenção, estar atento, ser cauteloso, precavido e cuidadoso.

Naturalmente que a vigilância dentro do terreno da mediunidade deverá acompanhar os sinônimos acima relacionados, para que, desta maneira, possamos nos tornar trabalhadores produtivos na seara de Jesus, ferramentas úteis e devidamente bem cuidadas, para darmos o melhor ao nosso alcance.

Existem condições especiais para essa vigilância? Claro que não relacionaremos aqui um manual ou qualquer tipo de regra, incorrendo em lapsos consideráveis. Ao candidatarmo-nos ao serviço mediúnico, devemos utilizar este importante recurso para que nossos projetos e atividades tenham a sustentação necessária e para que nossa conduta mediúnica seja a mais útil e proveitosa possível, não somente para nós, mas sim e, principalmente, para nosso próximo, objetivo do trabalho de caridade com Jesus.

A vigilância começa em prestarmos atenção mais detalhada em nós mesmos, racionalizando nossa postura diante dos fatos de nossa vida cotidiana, tais como nossos relacionamentos, pensamentos, sentimentos e atitudes. Abstermo-nos de julgamentos e conclusões precipitadas baseadas somente em nosso ponto de vista que sempre será relativo, sem a meditação necessária, poderemos comprometer diretamente a forma de ver ou vivenciar determinado acontecimento.

Nosso modo de sentir poderia ser comprado às lentes pelas quais enxergamos a vida.

Imperfeitos ainda, nossos sentimentos são também imperfeitos. Precisamos então do leme do Evangelho do Cristo para nortear nossa vida. Dentro de nosso patamar evolutivo, já temos condições de buscar o conhecimento das Leis Divinas que regem o Universo e moldarmo-nos ao amor, justiça e caridade que estas demandam.

Foi o próprio Jesus que nos recomendou "vigiar e orar para que não caíssemos em tentação". Certa vez, um benfeitor espiritual trouxe uma mensagem muito interessante sobre a vigilância. Disse ele que falhamos na interpretação da lição deixada pelo Mestre Jesus do orar e vigiar. Jesus nos pede que vigiemos a nós mesmos e oremos pelo próximo, mas nós vigiamos o nosso próximo, orando somente por nós. Quase sempre empenhamos grande energia cuidando da vida do semelhante, esquecendo que nosso compromisso diante do Pai é o da vigilância íntima.

Quando, através da vigilância atenta, identificarmos a tentação do desequilíbrio frente às leis divinas, devemos utilizar a prece, que é antídoto infalível e necessário para dominar nossa negatividade das atitudes e pensamentos impulsivos e enganosos. A prece nos coloca em contato com a espiritualidade superior e cria a oportunidade do socorro e amparo espiritual. Eleva nossa vibração, regularizando as energias físicas e espirituais.

Um dos recursos para trabalharmos a nossa vigilância está em nossa disposição para o estudo sistematizado e constante, onde a meditação deve ser o veículo em cada assunto estudado e a aplicação dos bons métodos em nossa vida, tendo sempre como meta o Evangelho do Cristo.

A mediunidade necessita de vigilância, como a planta precisa de luz, água e calor para a manutenção de sua vida, uma vez que, pelo pensamento em desequilíbrio, poderemos ser alvos fáceis para irmãos imaturos e desconhecedores do bem.

Sendo a mediunidade uma planta delicada, necessita de cuidados especiais de seu jardineiro, que pode e deve utilizar-se do roteiro sagrado do Evangelho para que ela possa crescer, fortalecer-se e produzir flores em abundância.

Por falta destes cuidados, vemos por vezes quadros infelizes de médiuns inicialmente bem intencionados e, por conta da falta de vigilância, seja por vaidade, orgulho e tantas outras questões, tornarem-se vítimas de si mesmos, perdendo a oportunidade de servir.

Sempre é tempo de aprender, porque estamos em um planeta-escola e, aproveitar a oportunidade que a presente existência nos oferece, é usar dos recursos próprios para crescermos e influenciarmos o crescimento dos outros, sendo verdadeiras pontes com Jesus, esclarecendo, ensinando, confortando e iluminando caminhos.

Busquemos aproveitar a oportunidade que nos foi ofertada pelo Cristo de Deus, para transformarmos nossas vidas, fazendo e buscando o melhor sempre. Para isso, cabe-nos o esforço continuado dentro dos preceitos do Evangelho, direcionando a nossa existência, para que obtenhamos a vitória sobre nós mesmos, superando as nossas dificuldades e auxiliando o próximo a superar aquelas que lhes são próprias.

Vigiar, vigiar sempre, pensamentos e atitudes, é nosso esforço individual para que nos tornemos melhores a cada dia e, dentro da seara mediúnica, possamos prestar um serviço excelente, a fim de que o trabalhador faça jus ao seu salário, que é o constante suporte do amor de Deus em nossas vidas.

Capítulo 14

Gratuidade

"Dai de graça o que de graça recebestes..."
Com este ensinamento claro e objetivo de Jesus, fica óbvio que o trabalho realizado mediunicamente não deverá sofrer recompensa de valor algum, tanto no que diz respeito aos aspectos materiais efetivos, como também de qualquer destaque ou privilégio para aquele que se posiciona como médium. Não podemos aceitar a mediunidade como profissão.

É ensinamento do Codificador que não se elogia

médium, e muitos aguardam a recompensa do elogio, da admiração, das facilidades que alimentam suas vaidades. A faculdade mediúnica está para nós como alavanca de progresso, visando nosso adiantamento, e oferece ao candidato o benefício de exercitar o amor em favor do semelhante, ou, em palavras mais simples, o de praticar a caridade. Em segundo lugar, este benefício, apesar de estar ligado também a aspectos orgânicos do médium, é concessão divina, que não negocia recompensa, pois tanto o rico como o pobre devem ter as mesmas oportunidades, e o "dai de graça" fica mais do que evidente.

Consideremos ainda que a ferramenta mediúnica, como intermediária que é, necessita de trabalho de parceria. Nós, médiuns, não estamos sós na operação, dependemos de outra pessoa, do Espírito comunicante que se disponibilizou, para que o intercâmbio pudesse ocorrer. Dessa forma, a atitude respeitosa deverá pautar os nossos objetivos de trabalhadores do Cristo. Se mediunidade é bênção divina, e não privilégio para quem quer que seja, maior deve ser a nossa responsabilidade. Dentro de mais um ensinamento do Cristo, de que "a quem muito foi dado, muito será pedido", encontramos a lógica do nosso dever perante Deus e perante a nossa própria consciência.

Tendo este foco clarificado em nossa vida: a oportunidade do trabalho no bem, nosso esforço deverá ser o da atitude disciplinada frente à realização dos objetivos elevados que temos em vista.

Mediunidade com Jesus é compromisso de trabalho voluntário e desinteressado. Diante deste entendimento, merecerá todo o respeito e comprometimento daquele que se propõe a realizá-lo, ou seja, devemos agir como o trabalhador fiel que deseja sinceramente servir, longe de se sentir obrigado ou forçado, trabalhar com alegria e disciplina.

Desta maneira, se devemos ser responsáveis pelo crescimento e pela evolução em nossa vida nas conquistas de caráter pessoal, precisamos investir constantemente em nós mesmos - no estudo continuado, que nos especializa ao trabalho mais produtivo, suprindo-nos de nossas carências - que dizer então da responsabilidade do médium que se dispõe a trabalhar nas trincheiras da dor?

A determinação deverá ser uma constante em relação ao estudo e ao trabalho com a ferramenta do bem. Mediunidade gratuita é conscientização do ser que, cansado do sofrimento, busca alçar voos mais altos em busca da sua felicidade, sabendo que a encontrará na felicidade de seus irmãos, como no segundo mandamento máximo do Cristo, que ensina que devemos nos esforçar no exercício do amor ao próximo e a nós mesmos.

Não podemos colocar preço no amor, não temos como mensurá-lo e, sendo a mediunidade instrumento do amor, como lhe atribuir custo? Como ensoberbar-se ou envaidecer-se no amor? Claro está que o amor não se ensoberbe-se, simplesmente ama.

A conscientização do médium relativa à questão da gratuidade, daquilo que não lhe é propriedade para comercialização, é a conquista maior da criatura que se liga a Deus e a Jesus, através de seus intermediários e tem, com isso, a satisfação de encontrar no serviço em favor do semelhante a alegria da conquista de si mesmo no processo do autoconhecimento, passando ao gerenciamento efetivo nos padrões do Evangelho, de sua vida e de seu livre-arbítrio.

Capítulo 15

Caridade

Tenhamos absoluta certeza: com a caridade, transformaremos o mundo. Porque ela é o amor em movimento, exercício supremo da criatura em benefício dela mesma e do seu semelhante.

Muito se fala sobre a prática da caridade, quando o resultado, por vezes, é de extremo assistencialismo. Não queremos dizer aqui que o necessitado da matéria não precise de atendimento imediato, seja lá qual for a sua aflição.

Caridade não atende somente pessoas carentes do pão, do agasalho e do teto; pode ser material, mas é também moral. É para todos, ricos ou pobres, porque caridade é postura constante, em todos os setores da vida.

Somos Espíritos em evolução, alunos na escola da vida, onde os momentos repetidos dão consistência para aquele que os repetem, alterando padrões comportamentais e modificando pensamento e vibração.

Porém, a caridade é mais do que o momento do pão e do agasalho, da palavra amiga ou do silêncio, da colaboração dentro da casa em que nos voluntariamos. Consiste em esforço constante, principalmente quando vai contra nossos interesses mais imediatos e pessoais.

Não será a assistência pura e simples, como já o dissemos, e aqui não podemos descartar o socorro urgente. Lembramo-nos de Emmanuel que nos ensina, através da pena abençoada de Francisco Cândido Xavier, "não se deve falar de Evangelho para quem tem o estômago vazio". Claro está que temos que dar o pão, seja ele material ou na palavra que conforta primeiro, para então iniciarmos o verdadeiro processo caritativo, que é o da educação através dos ensinos do Cristo.

Nesse sentido, encontramos passagem significativa em João (8,1–11), quando Jesus, depois de retirar das mãos daqueles que se postavam como algozes, a mulher que havia sido apanhada em adultério, usa de misericórdia para com ela, quando pergunta:

- *Mulher, onde estão aqueles que te condenavam?*

- *Todos se foram, Senhor!*

- *Portanto, nem eu te condeno, vai e não erres mais.*

Lição imorredoura, de natureza divina, é o exemplo máximo do atendimento imediato à assistência quando retira a jovem senhora da humilhação e da morte. Mas a verdadeira caridade é aplicada na sua essência quando ele dá a diretriz educativa, usando ainda de suprema misericórdia para com ela e, apesar da grandeza de seu caráter, não condenando, dando o novo roteiro para que a vida da moça seja digna e fora dos tropeços da ilusão. "Vai e não erres mais", diz o Cristo em total consonância com as leis de Deus, que são de misericórdia, perdão e amor.

Recordemo-nos de uma lição do grande libertador da Índia, Mohandas Karamchand Gandhi, o Mahatma Gandhi, que certa vez disse: "Orar não é pedir, orar é a respiração da alma". Parafraseando o iluminado Gandhi, podemos afirmar que a caridade não será constituída de momentos específicos, mas será, um dia, a respiração da alma.

Fica claro para todos nós que esta é a atitude que deve pautar nossa vida de relacionamento, não sendo o exercício do bem reservado para determinados momentos do nosso voluntariado. Caridade sempre, com os encarnados e desencarnados.

Diante das nossas responsabilidades específicas nas reuniões mediúnicas, procuremos observar que a aplicação da caridade é para todos, com o dirigente, com os dirigidos, com aqueles que assistimos, colegas e também com os amigos espirituais.

Por falsa análise, por vezes os obsessores são tratados como verdadeiros vilões, criminosos; pois nos esquecemos de que, tanto obsessor como o obsidiado, são enfermos com patologia semelhante: um é enfermo da vingança, que busca justiça pelas próprias mãos, o outro, que se mostra vítima, é o enfermo da culpa.

Por isso, a mediunidade séria, tendo Jesus como Orientador e Mestre, não dispensa a busca pelo conhecimento, a reformulação íntima, mas, acima de tudo, o uso contínuo do amor, que compreende, assiste, ampara e dá norte para as criaturas, estejam elas na dimensão que se encontrem.

Lembremo-nos de Jesus: "Amai-vos, uns aos outros, como eu vos amei". Esta é a melhor noção de caridade que podemos ter em nossa vida.

Uma vez conscientes, esforcemo-nos para que não fique só na intenção, mas que possamos materializar isso em nós e refletir aos outros a realidade de um mundo melhor e transformado para o bem.

Voltamos a salientar: com a caridade, transformaremos o mundo.

Capítulo 16

Animismo

É grande a preocupação relativa ao animismo, quando tratamos das comunicações na casa espírita. É evidente que isto se dá por compreendermos o perigo das mistificações e das fraudes, entretanto, faz-se necessária uma maior reflexão e entendimento sobre o assunto, para não pecarmos pelo excesso.

Quando categorizamos o animismo que, possivelmente encontraremos nos médiuns iniciantes, como algo incorreto e nocivo, estaremos cometendo grande engano, e, quase sempre se perdem várias mensagens, inibindo os candidatos à educação mediúnica, como se o animismo fosse o monstro devorador dos intermediários.

O iniciante que não recebe as orientações adequadas, sente-se assustado, coibido até, fato este que pode resultar em grande dano ao seu processo educativo. A insegurança que nasce pelo desconhecimento, se não trabalhada, poderá afastar um trabalhador e intermediário de qualidade.

O rigor excessivo tira a liberdade de manifestação pelo próprio bloqueio que o médium cria para si mesmo através do receio da repreensão, sendo ele exposto a uma situação de fraudador, quando suas intenções, na verdade, são as melhores.

Não estamos aqui querendo estimular a indisciplina dentro do processo educacional do candidato, mas alertar para os excessos de rigor, principalmente com os iniciantes.

O termo criado pelo insigne Codificador do Espiritismo é suficiente para responder e ser o norte para dirigentes e dirigidos, instrutores e alunos: "MÉDIUM".

Como médiuns, ou intermediários, somos participantes do processo comunicativo, não nos isentando de responsabilidade em relação ao estudo, prática e, acima de tudo, evangelização.

Tendo estes parâmetros observados em um esforço constante e rotineiro, o candidato ou o médium educado, poderá prestar serviço de valor inestimável para si mesmo e para a coletividade com quem se relaciona.

Claro está que o iniciante tem uma grande dose de receio nos seus primeiros exercícios, e cabe ao instrutor ou dirigente, estimulá-lo e orientá-lo, trabalhando os pontos a serem corrigidos para transmitir-lhe a confiança necessária e, em paralelo, o discernimento para identificar o que vem de si mesmo e o que vem dos Espíritos. Tarefa nem sempre fácil. Uma vez que nem sempre é possível a identificação exata de parte do conteúdo de uma mensagem. Por quê?

Precisamos aqui considerar alguns pontos que necessitam de observação mais acurada.

Cada médium traz experiências próprias dentro do terreno de suas encarnações, e também o aprendizado que conquistou no período entre elas. A comunicação pode se dar com o estudante acessando essas experiências e conhecimentos, sem ter com isso a intenção de agir de má-fé. Adentrando em seu inconsciente profundo, retira ele informações que repassa como se

fossem de terceiros, quando está sendo mero intermediário de si mesmo.

São válidas essas comunicações? Poderá ser o questionamento. Invalidaríamos algo que estimule ao bem?
Perguntamos nós.

Precisamos sempre avaliar o conteúdo e não a forma, sem deixarmos a orientação adequada de lado.
Uma vez percebido este tipo de comunicação - que não
deixa de ser espiritual, pois vem do próprio Espírito do
médium - o candidato ao serviço de intermediação necessita ser orientado. Mas é na prática, através do exercício continuado, que ele mesmo vai adquirir a experiência necessária e distinguir o que é totalmente seu do
que lhe é sugerido, inspirado, etc.

Muito natural que, no início de nossas práticas mediúnicas, alguns voluntários possam ter quase que no-
venta por cento de uma comunicação dando-se pelo
processo anímico. Todavia, depois de estudos apu-
rados, trabalho constante na afinação da ferramenta
mediúnica, evangelização para a reforma e disciplina
interior, encontraremos um médium que esteja com o
percentual inverso ao que acabamos de expor, ou seja,
dez por cento de si mesmo na condição anímica, e no-
venta por cento da entidade comunicante.

Não podemos esquecer que, por mais afinado que o instrumental mediúnico se apresente, a comunicação passa através do intermediário que pode dar um colorido especial, de acordo com os seus conhecimentos e valores conquistados, não incluindo com isso distorção de conteúdo ou qualidade.

Lembremo-nos de nosso Chico - onde não paira dúvida alguma quanto à sua qualidade mediúnica, e cuja fidelidade nas comunicações se mostrava incomparável - incluiu em determinadas psicografias um termo muito seu e da sua região, quando se referia à quantidade de anos vividos no planeta, com a definição de tantos "janeiros". Tratando-se de uma expressão carinhosa e respeitável, não distorcendo de forma alguma a legitimidade de seu trabalho abençoado, mostra-nos que o próprio Chico não era um simples autômato nas mãos dos Espíritos, mas um participante atento e extremamente disciplinado.

O grande problema de muitos acreditarem que os médiuns que apresentam a faculdade da psicografia e psicofonia, serem verdadeiros robôs, faz com que os aspectos relacionados ao animismo sejam tão execrados.

Seria tratar o ser humano como máquina ou objeto, coisa que ele não o é. Portanto, vale observar que todo trabalho, estudo e esforço, no sentido de aprimorar a mediunidade, merecem respeito e consideração de dirigentes e instrutores, da mesma forma que os amigos espirituais respeitam as nossas próprias limitações, incentivando-nos ao trabalho constante no bem.

Acima de tudo, em nossas participações na seara mediúnica, observemos com toda disciplina que o conteúdo é tudo, e a forma será sempre dispensável no trabalho com Jesus.

Capítulo 17

Desdobramentos e sonhos

Uma questão muito trabalhada dentro da mediunidade é o desdobramento ou emancipação do Espírito, que poderá ser em caráter consciente ou através do sono, fato este comum a todos os seres, estejam eles encarnados ou não.

No caso de Espíritos desencarnados, tomamos por base as informações de André Luiz em sua obra "Nosso Lar", na psicografia de Francisco Cândido Xavier, quando o mentor amigo relata sua experiência de visita à sua mãe em outra dimensão. Em outras posições evolutivas do ser, não estamos informados como se processa o sonho e os desdobramentos relativos a este.

Tratemos um pouco daquilo que nos é conhecido, também em parte, por ser campo ainda pouco explorado tanto no aspecto espírita quanto no científico.

Sabemos que o sono seguido de sonho tem classificações distintas e são relacionados ao processo de natureza puramente física ou espiritual, sendo, no último caso, tratado como sonho real, quando o Espírito trava relacionamentos e vive sua realidade de criatura que alterna sua existência em duas dimensões.

Portanto, os chamados "sonhos do subconsciente" ou "não reais", trazem imagens, informações e experiências sempre de forma confusa, por tratar-se de uma transferência de arquivos na consolidação do aprendizado. Para sermos mais claros, pesquisas realizadas nesse campo demonstraram que as informações captadas ao longo do dia chegam ao hipocampo, região do cérebro onde fica uma substância – acetilcolina – capaz de receber e guardar temporariamente os conhecimentos. Durante o sono, a acetilcolina permanece praticamente inativa, uma vez que o cérebro não recebe novas informações.

Os cientistas descobriram que apenas com a acetilcolina inerte, os neurônios conseguem formar uma rede por meio da qual as informações migram à outra região do cérebro, o neocórtex. É nela que fica armazenada, a longo prazo, a memória relativa ao aprendizado.

Assim, uma vez definido o sonho de natureza subconsciente, podemos analisar os aspectos relativos aos sonhos reais, quando o Espírito desdobra-se ou emancipa-se na melhor definição do Codificador, no "O Livro dos Espíritos". Deixa o corpo em caráter provisório - tanto no sono regular como em um simples cochilo - entra em contato com outras criaturas, quer estejam encarnadas ou não, podendo desta maneira tratar de assuntos de caráter pessoal ou até mesmo coletivo, respeitando-se sempre os interesses que movem estas mentes que se associam.

Evidente que o simples desdobramento não se constituirá em mediunidade, pois não se trata de um processo de intermediação, e sim de condição natural para qualquer ser que se encontre utilizando-se de um corpo de matéria para a sua manifestação, seja na dimensão que for, exemplo já mencionado com André Luiz, em "Nosso Lar".

Somente teremos um processo mediúnico de caráter

real, quando o desdobrado passar a intermediar informações, sejam elas da natureza que for, para pessoa(s) de seu relacionamento direto ou não. Todas as vezes que intermediamos, como o próprio termo já define, estamos exercendo mediunidade.

Encontramos aí, e não só aí, os chamados "sonhos proféticos", experiências reais vividas com encarnados ou desencarnados, podendo tais sonhos nem sempre se concretizarem. No caso do profético, dada a natureza da dimensão que possa estar ocorrendo, não pode ser descartado o uso do livre-arbítrio, quer seja este individual ou coletivo.

Outro aspecto que não podemos deixar de mencionar é o retorno ao corpo e as lembranças específicas. Para isso, o "Livro dos Espíritos", na sua pergunta de número 403, é esclarecedor. Pergunta o Codificador:

"Por que não nos recordamos sempre dos sonhos?"

"Nisso que chamas sono, só tens o repouso do corpo, porque o Espírito está sempre em movimento. No sono, ele recobra um pouco de sua liberdade e se comunica com os que lhe são caros, seja neste ou em outros mundos. Mas, como o corpo é de matéria pesada e grosseira, dificilmente conserva as impressões recebidas pelo Espírito, mesmo porque o Espírito não as percebeu pelos órgãos do corpo."

Ainda, mais uma vez, notemos que as informações relativas aos chamados "sonhos reais" misturam-se com as experiências ou conhecimentos que mantemos em nossos arquivos no cérebro físico em nosso estado de vigília, havendo então uma verdadeira mistura de interesses ou preocupações. Aquilo que vimos ou vivenciamos quando desdobrados no processo do sono, pode não representar especificamente a realidade.

Então, interpretações de sonhos podem conter uma margem razoável de equívocos, não de natureza intencional. Mas consideremos que, em muitas oportunidades, não podemos descartar aspectos já devidamente esclarecidos nos parágrafos acima.

Vale lembrar nossas manifestações de natureza fisiológica, que obviamente terão características reais quando determinada necessidade precisar ser atendida. Exemplo simples é o caso da bexiga cheia, precisando ser esvaziada. No sonho se mostra fisicamente real, pois a necessidade é imediata e o comando cerebral tem prioridade de atendimento em nosso organismo.

Sonhos recorrentes também poderão estar ligados a traumas ocorridos em outras existências, assim como em vivências recentes, e não surgem de forma consciente. Podem muito bem ter ocorrido em nossa primeira infância, estando em nosso subconsciente, manifestando-se na fase atual. Nestes casos, é necessário o atendimento direcionado junto aos profissionais da área médica e psicológica. Não descartamos desta forma, que determinadas situações de natureza traumática possam não estar no subconsciente profundo, onde se encontram os registros de outras existências. Faz-se necessário o cuidado para não colocarmos todas as nossas manifestações no âmbito de existências passadas. Lembremos sempre que, não somos frutos de meras repetições reencarnatórias, porque, se assim fosse, a reencarnação como renovação de propósitos não faria qualquer sentido.

Portanto, considerando todos os aspectos abordados, e ainda outros que poderão ser devidamente pesquisados na literatura espírita, notamos o cuidado que precisamos ter quando tratamos dos aspectos mediúnicos através dos mencionados desdobramentos, em condição consciente ou de nossos sonhos, principalmente quando estes têm uma natureza profética.

Exatamente por isso, Allan Kardec e os Espíritos nos instruíram e nos recomendam sempre o estudo constante e o bom senso, passando as manifestações pelo crivo da razão. Enfim, os cuidados necessários para que não transformemos verdades simples em complicações para nós mesmos e para os nossos semelhantes.

Capítulo 18

Os Espíritos não trabalham sozinhos, contam conosco

U ma das perguntas mais frequentes relativas ao trabalho dos amigos espirituais é: "Por que eles não atuam diretamente nos problemas dos Espíritos desencarnados, principalmente quando se trata de processos obsessivos?".

É natural que este tipo de questionamento aconteça e, refletindo sobre o assunto, podemos verificar que duas situações se apresentam, uma vez que não existem regras únicas no serviço do bem.

Na obra de André Luiz, através da mediunidade de Francisco Cândido Xavier, intitulada "Libertação", encontramos o próprio autor espiritual acompanhando um mentor responsável de nome Gúbio, visando o trabalho de desobsessão e consequente esclarecimento de Espíritos que obsediavam uma das personagens de nome Margarida.

Maiores referências podem ser encontradas na obra supracitada.

No entanto, o trabalho junto aos encarnados toma também uma proporção muito objetiva quando tratamos de entidades extremamente desorganizadas psiquicamente, onde a influência da matéria está ainda muito arraigada em suas mentes.

A oferta de boa vontade do voluntário encarnado, que se dedica ao trabalho no bem, consciente de sua responsabilidade, que investe em sua renovação interior e está disposto a auxiliar o semelhante, cede na posição de médium objetivo na psicofonia, por exemplo, ou mesmo na importante tarefa de sustentação, um fluido que se resolveu denominar como Vital ou como Fluido Elétrico Animalizado, que, para o desencarnado que desconhece sua própria condição, por vezes traz grande e benéfica influência, pois coloca-o em um contato mais vigoroso com a matéria, podendo sentir-se algumas vezes, como se estivesse encarnado.

Não constituindo uma regra, o Espírito que se apresenta na seção de atendimento, pode sofrer cirurgias em seu perispírito que, em algumas oportunidades, demonstra os vincos agressivos de seu processo desencarnante, seja por enfermidades ou acidentes de qualquer natureza.

Também não se pode ignorar que o material cedido em uma reunião traz grande benefício não somente aos presentes, mas também às pessoas que serão tratadas à distância da reunião, sem que tenham conhecimento disso, sendo que estas mesmas pessoas podem estar na condição de encarnados ou até mesmo desencarnados.

Importante notar que na função do orientador fraterno, aquele responsável pelo diálogo com nossos irmãos desencarnados, poderá, além das palavras de orientação e consolo, doar estes mesmos fluidos que, para atingirem a eficácia desejada, devem ser de boa qualidade fluídica, elaborados e revestidos dos sentimentos puros da caridade e fraternidade.

O esclarecimento que Espíritos desencarnados possam receber através do voluntário que lhe serve de intermediário, ou do orientador fraterno, tem grande importância por se tratarem, na maioria das vezes, de situações de auto-obsessão, acreditando-se ainda encarnados ou até mesmo sabedores de sua nova situação, porém resistentes aos apelos que recebem da espiritualidade amiga, ou ainda, ignorando por completo a presença amorosa de amigos e até mesmo de parentes que lhe sucederam na grande viagem. Nestes instantes de intercâmbio, têm a sagrada oportunidade de serem tocados diretamente em seus corações, por vezes áridos no terreno do bem e da compreensão.

Sugerimos mais uma obra de André Luiz, a primeira delas com Francisco Cândido Xavier, que se intitula: "Nosso Lar".

Logo nos seus capítulos iniciais, o grande amigo da espiritualidade nos relata que era acompanhado por entidades interessadas em seu resgate do Umbral, mas da parte que lhe competia, sequer havia registro da presença das mesmas ao seu redor.

Vivendo em seu mundo ególatra, não permitia o autor da mencionada obra visualizar qualquer possibilidade de resgate, por ignorar por completo aquilo que não lhe dizia respeito.

Desta maneira, vemos a importância da atividade

conjunta que nos é apresentada no trabalho mediúnico ao qual estamos engajados. Os Espíritos necessitam de nossa colaboração, assim como necessitamos de sua valiosa ajuda.

Trabalhar com Jesus, dentro dos parâmetros do seu Evangelho de redenção e amor, é trabalho de parceria, de conjunto e de equipe. Vejamos que o próprio Cristo, detentor de santas possibilidades evolutivas demonstradas em diversas ocasiões, quando curava, não só o corpo, mas principalmente o Espírito, não prescindia da parceria de Seus apóstolos, demonstrando que o trabalho no bem tem resultado mais efetivo quando unimos forças com o objetivo único de servir.

Nossos amigos espirituais, longe de serem individualistas, nos ofertam ainda a possibilidade de trabalharmos em conjunto, para sermos não só mais efetivos, mas também dando-nos a oportunidade de sermos melhores no exercício no bem.

Capítulo 19

A forma pode variar, mas a essência deve ser a caridade dentro da fé raciocinada

Existe alguma forma melhor de nos expressar quando tratamos da prática mediúnica?

A própria razão responde e os Espíritos, clareando esse aspecto junto ao Codificador, que, por sua vez, também teceu comentários primorosos no "Livro dos Médiuns". Diz ele que a forma nada representa para a comunicação, mas sim o conteúdo que, por vezes é negligenciado por nomes pomposos e textos elaborados em um português refinadíssimo, porém com um conteúdo discutível, quando não chegam à beira do ridículo, expondo médiuns e, o pior, a Doutrina Espírita, principalmente para seus adeptos iniciantes.

Portanto, todo cuidado é pouco quando tratamos de comunicações, porque devemos atentar pelo seu conteúdo moralizante e evangélico, direcionando o ser para o seu crescimento e melhoria nas suas relações. No entanto, os aspectos novidadeiros ainda são muito procurados, em detrimento dos ensinos morais cristãos, quando as ondas do modismo por vezes envolvem dirigentes e dirigidos em verdadeiros absurdos.

São apresentadas fórmulas diversas, processos especiais de desobsessão, fluidoterapia com associações de cores e tantas outras situações visando encantar as pessoas que, não estando ainda devidamente informadas e esclarecidas dentro das obras da Codificação e outras complementares, deixam-se levar por espetáculos incoerentes.

Em detrimento da essência, que é a caridade verdadeira da educação, estimula-se o apego a pessoas ou processos, criando os séquitos para alguns indivíduos que vendem uma suposta superioridade moral ou espiritual, geralmente se mostrando como intermediários de Espíritos zombeteiros, brincalhões ou fascinadores que, por falta de bom senso, estudo ou discernimento, fazem com que uma boa quantidade de bons trabalhadores em potencial se deixe arrastar.

É necessário estar sempre vigilante, recomenda-nos Jesus, e a vigilância está relacionada ao estudo constante, o exercício no bem, a meditação e a aplicação da recomendação do Codificador, que sempre nos estimulou a passar tudo pelo crivo da razão.

Quando assim procedemos, esses pseudo-missionários são rapidamente desmascarados e caem por terra seus argumentos e posturas mantidas à custa do desconhecimento alheio.

O espírita está para o estudo como está o médico aplicado para a medicina, entendendo que, se o facultativo visa ainda hoje cuidar do corpo, nós, espíritas, que buscamos a essência da caridade dentro da fé raciocinada, cuidamos também do Espírito, que é imortal.

Então, todo cuidado é pouco, porque se manipularmos o bisturi sem conhecimento de causa, poderemos matar o corpo, da mesma forma, quando desvirtuamos a mensagem do Cristo aniquilamos a esperança da alma. E quanto tempo precisará a criatura para recuperar a sua saúde dentro do terreno da confiança? Séculos, milênios?

Será que, por seguirmos inadvertidamente, ou mesmo imaturamente, pessoas e não os ensinos do Cristo, encontraremos hoje tantas criaturas que negam a si mesmas o direito da fé?

Não a aceitam porque foram estimulados a não raciocinar ou questionar, foram vítimas de criaturas inescrupulosas que, ao invés de orientar, desorientaram, plantando fanatismos e tantos outros absurdos, como ainda hoje encontramos dentro da própria Doutrina, com esses mesmos "falsos cristos".

Por isso ser espírita é tão difícil, afirmam alguns. Não podemos classificar como difícil, mas ser espírita é buscar o esforço constante na procura da sua reformulação, como nos orienta Allan Kardec. E este esforço está relacionado ao estudo, à evangelização e à prática da verdadeira caridade baseada na fé raciocinada.

Diante das novidades, busquemos utilizar de bom senso e checar a verdadeira utilidade do que nos é apresentado, porque a forma pode variar, mas o conteúdo nunca. Isto é o mais importante dentro do nosso processo de crescimento e melhoria do próximo.

Pensemos nisso sempre e peçamos a Jesus que seja o nosso orientador e Mestre, quando a dúvida nos visitar.

Capítulo 20

O assistido encarnado e o desencarnado

Q uais as diferenças entre os assistidos encarnados e desencarnados? Será que elas existem ou estão pura e simplesmente relacionadas às nossas interpretações da vida, seja na matéria ou fora dela?

Podemos começar uma simples análise através do que nos ocorre todas as noites quando dormimos. Sabemos pela própria Codificação, mesmo em sua obra básica, "O Livro dos Espíritos"; que um simples cochilo pode proporcionar a emancipação da alma. Poderíamos ainda recorrer ao que já conhecemos no que diz respeito ao perispírito.

Não é o perispírito o modelo organizador biológico, nos dizeres do Dr. Hernani Guimarães Andrade? Não recebe ele mais de 48 denominações ao redor do planeta, tendo sempre como referência tratar-se de um corpo ainda de matéria, porém de maior quintessência?

Diante do conhecimento que detemos atualmente, considerando que do simples cochilo ao desencarne continuamos a ser praticamente as mesmas pessoas, como admitir diferenças entre criaturas que se encontram em dimensões diferentes de expressão em matéria de corpo mais ou menos denso?

A necessidade desponta para o ser, esteja ele na condição que estiver, encarnado ou desencarnado.

Necessidade será sempre necessidade, não importa como se apresenta. O mesmo vale para um corpo perceptível, ou não, seja por expressar-se na mesma dimensão ou por estar em uma dimensão diferente, quando tenhamos que utilizar o recurso da mediunidade para identificá-lo.

Porém, quando esses irmãos que nos antecederam na jornada rumo à pátria espiritual se manifestam, notamos que os seus problemas, dores, sucessos ou insucessos se apresentam da mesma maneira, com a mesma profundidade que a dos encarnados.

Dor é dor. E se for este o caso, o trabalho caritativo está para o encarnado como para o desencarnado, com os mesmos cuidados, respeito e dignidade.

Por falta de vigilância e de conhecimento, podemos ter maior simpatia pelo assistido encarnado, já que ele está mais próximo de nós, além de ser mais parecido e perceptível. Não é difícil voltarmos no tempo e revivermos os mesmos enganos do passado, identificando no desencarnado desconhecido o demônio a ser exorcizado: um ser criado eternamente para o mal; como se Deus pudesse criar um destino terrível para seus próprios filhos. Nos processos desobsessivos não existem injustiçados, todos são vítimas do desamor.

Podemos observar nas comunicações outros enganos formulados em extremos opostos.

Se a criatura se encontra no plano do Espírito, não está de posse de mais sabedoria, maior capacitação para abrandar o seu sofrimento, bem como não saiu de uma existência onde se apresentou com um comportamento egoísta para substituí-lo pura e simplesmente pelo altruísmo. Em suma, ninguém fica melhor ou pior porque desencarnou, equivalendo dizer que, se assim fosse, cada vez que saíssemos do corpo físico pelo processo natural do sono, ou mesmo por indução magnética, voltaríamos melhores naquilo que ainda somos imaturos.

O convite do Evangelho do Cristo sempre foi, e sempre será, para que o respeito, o carinho e o amor presidam nossas atitudes com os nossos irmãos que buscam o auxílio da assistência caritativa.

Que seria de nós, se alterássemos nossos sentimentos para com aqueles que deixamos na Terra em nossa partida? Se isso é um contrassenso para todos nós que aceitamos a continuidade da vida, como admitir e tratar aqueles que necessitam de uma criatura que os intermedeie pelo processo da mediunidade, de forma diferente, acreditando que esses mesmos irmãos desencarnados deveriam, em curto espaço de tempo e desprovidos dos seus corpos mais densos, crescer em sabedoria e entendimento?

Por vezes, estudamos e procuramos praticar determinado ensino evangélico durante anos e notamos que, diante de determinada prova, estamos vulneráveis. E, apesar de acreditar que estamos muito fortalecidos, caímos desastradamente. Como então exigir do outro, apresente-se ele na condição que se apresentar - com o corpo mais denso ou mais sutil -, atestados de conhecimento ou sabedoria em relação aos seus problemas, se por nossa vez estamos no esforço constante do autoaprimoramento e nem sempre somos bem sucedidos?

É importante levarmos em consideração sempre que nossa postura diante da dor deverá ser sempre aquela recomendada por Jesus: "Amai-vos uns aos outros como eu vos amei".

Capítulo 21

Perispírito e mediunidade

A bordaremos neste capítulo, aspectos relativos ao papel do perispírito na mediunidade e as leis da comunicação espírita, distinguindo o médium consciente, o semiconsciente e o inconsciente.

Falando rapidamente sobre o perispírito, poderíamos fazer duas separações para tornar o assunto mais compreensível, dividindo suas propriedades de suas funções:

Como *propriedades* o perispírito apresenta:

- Plasticidade,
- Densidade,
- Penetrabilidade,
- Visibilidade,
- Expansibilidade,
- Sensibilidade global,
- Sensibilidade magnética,
- Bicorporeidade,
- Perenidade,
- Unicidade,
- Capacidade refletora,
- Mutabilidade.

Suas *funções* são:

- Instrumental,
- Individualizada,
- Organizadora,
- Sustentadora.

Simplificando um pouco mais, Allan Kardec no "O Livro dos Médiuns" (capítulo 32), ensina que o peris-pírito é um envoltório semimaterial do Espírito, sendo que, nos encarnados, serve de laço ou intermediário entre o Espírito e a matéria, e nos Espíritos errantes, constitui o seu corpo fluídico. Também em "Obras Póstumas" (Parte 1, item 10), informa que o corpo recebe a sensação, o perispírito a transmite e o Espírito a percebe.

Para possibilitar a intermediação ou ligação do corpo com o Espírito, este corpo sutil une-se ao corpo material na concepção, molécula a molécula.

Funciona como um arquivo biológico, onde se encontram registradas as funções orgânicas automatizadas de nosso corpo. Segundo Hernani Guimarães, o perispírito é um modelo e funciona como uma "forma" que molda o futuro corpo, trazendo o formato idêntico, inclusive as marcas, para o corpo físico, por meio de atração.

Depois destas rápidas explicações a respeito desse importante veículo de ligação e de manifestação do Espírito, analisemos as condições do transe, que podem-se apresentar de maneiras diversas.

Podemos encontrá-lo em condições patológicas, onde irá apresentar-se como estado mórbido com perda de noção de tempo e espaço, tais como a epilepsia e o delírio febril. Depois temos o espontâneo. Nos indivíduos predispostos, o sonambulismo recebe o maior destaque. E finalmente os casos de transe provocado, onde este é um produto da vontade e pode se mostrar como hipnótico: quando é induzido e visa experiências; o químico, quando se utiliza de substâncias para tal efeito; o noctípico, ocorrido no repouso noturno; o anímico, que também é um estado alterado de consciência, onde o abrandamento ou apagamento provisório do consciente possibilita a imersão no subconsciente e, finalmente o mediúnico, que também possibilita a expressão do pensamento alheio com a presença de um Espírito comunicante.

Falando a respeito do pensamento, André Luiz esclarece na obra "Mecanismos da Mediunidade", que o cérebro é o órgão sagrado de manifestação da mente. Então, o pensamento é irradiação de energia, podendo ser modificada pela vontade, vibrando em alta ou baixa frequência. Logo, a corrente mental é produzida pela mente e a transmissão é feita pelo cérebro, que possui uma válvula chamada "glândula pineal" ou "epífise", que transmite e recebe a energia.

Como dissemos, o cérebro transmite vibrações altas ou baixas, de acordo com o teor dos pensamentos. No amor, emitimos vibrações de alta frequência e, no ódio, nos deparamos pelas de baixa frequência.

Amor
Ódio

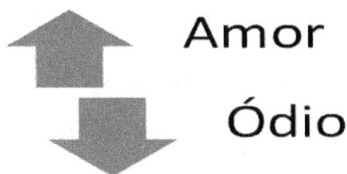

Neste ponto, fica claro para o ensinamento do Cristo de que semelhante atrai semelhante.

Quando analisamos a comunicação mediúnica, podemos traçar um caminho simples para o nosso entendimento. Iniciando pelo Espírito comunicante que pensa e tem seu pensamento captado pelo perispírito do médium, percorrendo canais perispirituais até chegar ao cérebro do médium. Nesse momento, as condições que se fazem necessárias estão relacionadas com a atração, correspondência e a harmonização de vibrações. É responsabilidade do médium elevar as suas vibrações, até porque o Espírito comunicante faz um esforço no sentido de diminuir as suas vibrações para que a comunicação se efetive.

Podemos considerar que o ato mediúnico é uma fusão psicoafetiva que possibilita a comunicação espírita. Essa mesma fusão ou comunicação é totalmente viabilizada pelo perispírito.

Essas comunicações são diversificadas, porque dependem da mediunidade que se apresentará no intermediário. Pode ser consciente, quando o médium tem percepção plena, ou seja, consciência do pensamento captado, passando a agir como um intérprete do desencarnado comunicante, e expressará o pensamento de acordo com as suas capacidades no campo da intelectualidade. Através do estudo, da prática e da sua evangelização, terá maior domínio e bom senso para filtrar o que for indevido à comunicação, tal como palavras, frases, gestos ou até mesmo a mistificação.

O médium consciente, como a própria classificação já esclarece, lembra-se de todo o processo, tanto do transe como da mensagem, sendo responsável pela boa ordem da reunião.

A diferença acentua-se razoavelmente com a mediunidade semiconsciente, cuja percepção do pensamento captado é parcial. Tem consciência do que transmite, à medida que o pensamento captado chega ao cérebro, sendo que, nesses casos, a filtragem exige um esforço maior para evitar o que for indevido, tanto em palavras como frases, gestos, etc.

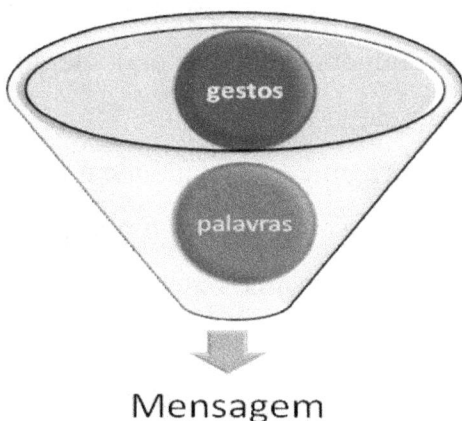

Mensagem

Nesse tipo de comunicação, o intermediário costuma lembrar vagamente da mensagem, porém sua responsabilidade em relação à manutenção do equilíbrio da reunião continua no mesmo patamar daqueles que são conscientes. Por isso, mais uma vez, alerta-se para o trabalho constante da reformulação interior como consequência do seu processo de evangelização.

A intermediação inconsciente, geralmente mais rara, demonstra que o médium só passa a ter consciência da mensagem à medida que o pensamento do Espírito chega ao seu cérebro, tendo que fazer um esforço maior ainda para evitar as condições indevidas, já mencionadas anteriormente.

Nestes casos, o médium costuma não se lembrar a posteriore do que foi transmitido, porém, durante a transmissão, tem noção do que ocorre, sendo assim responsável também pelo bom andamento dos trabalhos aos quais ele se voluntariou.

Portanto, apresente-se a faculdade mediúnica no aspecto que for, cabe a nós a responsabilidade de esforço constante para que sejamos úteis, conscientes e que o nosso trabalho seja bem realizado para se refletir em nossa melhoria e na do nosso semelhante.

Capítulo 22

Mediunidade e dependência química

Afaculdade mediúnica é, sem dúvida, uma grande oportunidade de evolução, pois nos convida à renovação íntima tão necessária para sua correta aplicação.

O mandato mediúnico não é um lazer ou hobby, mas uma aliança com o alto, com os mensageiros do bem. É evidente que para nos aliarmos às forças do bem, precisamos buscar o equilíbrio físico e espiritual na elaboração e manutenção de energias salutares e harmoniosas, por isso se faz necessário abdicarmos de velhos hábitos e comportamentos.

Alguns companheiros imaturos não reconhecem a proposta de crescimento espiritual, e adentram aos trabalhos mediúnicos sem abrir mão da dependência química das quais são prisioneiros. Mesmo que lícitas, como o álcool ou tabaco, ainda são nocivas à saúde, e de modo algum combinam com o trabalho mediúnico, pois desequilibram o funcionamento do corpo físico e também do perispírito, alterando o comportamento. Não nos referimos aqui à medicação alopática, que, quando indicada por profissional habilitado, tem a prerrogativa de trazer qualidade de vida ao ser. Referimo-nos ao uso de substâncias que desequilibram o corpo fisiológico, alterando-o e minando sua vitalidade.

Nosso corpo é templo das oportunidades evolutivas. Sempre que dele abusarmos, infringindo-lhe padecimentos e prejuízos, endividamo-nos frente às nossas realizações, pois encurtamos nosso tempo de vida. Quanto maior o conhecimento, maior a responsabilidade.

No livro "Missionários da Luz", (Capítulo 3, Mandato Mediúnico), André Luiz nos relata a situação de um médium sob o efeito do álcool.

"...o instrutor me chamou a atenção para um cavalheiro maduro que tentava a psicografia.

- Observe este amigo - disse-me, com autoridade -, não sente um odor característico? Efetivamente, em derredor daquele rosto pálido, assinalava-se a existência de atmosfera menos agradável. Semelhava-se-lhe o corpo a um tonel de configuração caprichosa, de cujo interior escapavam certos vapores muito leves, mas incessantes. Via-se-lhe a dificuldade para sustentar o pensamento com relativa calma. Não tive qualquer dúvida. Deveria ele usar alcoólicos em quantidade regular.

Vali-me do ensejo para notar-lhe às singularidades orgânicas.

O aparelho gastrintestinal parecia totalmente ensopado em aguardente, porquanto essa substância invadia todos os escaninhos do estômago e, começando a fazer-se sentir nas paredes do esôfago, manifestava a sua influência até no bolo fecal. Espantava-me o fígado enorme. Pequeninas figuras horripilantes postavam-se, vorazes, ao longo da veia porta, lutando desesperadamente com os elementos sanguíneos mais novos. Toda a estrutura do órgão se mantinha alterada. Terrível ingurgitamento. Os lóbulos cilíndricos, modificados, abrigavam células doentes e empobrecidas. O baço apresentava anomalias estranhas.

– Os alcoólicos – esclareceu Alexandre, com grave entonação – aniquilavam-no vagarosamente. Você está examinando as anormalidades menores. Este companheiro permanece completamente desviado em seus centros de equilíbrio vital. Todo o sistema endocrínico foi atingido pela atuação tóxica. Inutilmente trabalha a medula para melhorar os valores da circulação. Em vão, esforçam-se os centros genitais para ordenar as funções que lhes são peculiares, porque o álcool excessivo determina modificações deprimentes sobre a própria cromatina. Debalde trabalham os rins na excreção dos elementos corrosivos, porque a ação perniciosa da substância em estudo anula diariamente grande número de nefrons. O pâncreas, viciado, não atende com exatidão ao serviço de desintegração dos alimentos.

Larvas destruidoras exterminam as células hepáticas. Profundas alterações modificam-lhe as disposições do sistema nervoso vegetativo e, não fossem as glândulas sudoríparas, tornar-se-lhe-ia talvez impossível à continuação da vida física.

Não conseguia dissimular minha admiração.

Alexandre indicava os pontos enfermiços e escla-recia os assuntos com sabedoria e simplicidade tão grandes que não pude ocultar o assombro que se apoderara de mim."

Como se utilizar de um instrumento infectado para um procedimento cirúrgico? Como poderemos trazer as mensagens da espiritualidade, se nos encarcerarmos na materialidade desregrada? Como desejar alçar voos, se tivermos os pés presos ao chão?

Mais útil que falar da dependência química, será, a nosso ver, buscar as razões que levam o Espírito a usá-la.

Pesquisas mostram que as maiores causas do consumo das drogas estão ligadas à imaturidade, quando o ser deseja experimentar novas sensações, buscando o prazer fugaz sem compreender ou se preocupar com as consequências danosas de seu ato. Geralmente a insatisfação ocorre, quando os valores estão distorcidos, e ou não há o entendimento de Deus e de Suas Leis de Amor.

Temos gravado em nosso íntimo o projeto de felicidade que Deus, O Arquiteto do Universo, elaborou para cada um de nós. Intuitivamente, sabemos que um dia seremos felizes, e este projeto nos impulsiona ao progresso, à busca desta felicidade que sabemos existir, mas, devido à nossa ignorância e desconhecimento, buscamo-la no prazer imediato e materializado, que não preenche o vazio existencial, pois esta lacuna é espiritual. Podemos claramente perceber que quando se procura algo externo para trazer compensações emocionais, internamente não há equilíbrio e harmonia.

É muito comum dentro das casas espíritas, os alunos dos cursos de passes ou de treinamento mediúnico, quando ouvem que é necessário abdicar de certos hábitos, desistirem e abandonarem o compromisso, por acharem que a Doutrina ou os dirigentes são moralistas. Estes ainda não amam o suficiente, nem a si nem ao próximo nem a Deus. Se não estão dispostos a concessões materiais, o que dizer das espirituais?

Aqueles que fazem uso de substâncias tóxicas se ligam espiritualmente a criaturas afins, que se deleitam com a situação e dependência. A viciação é patológica, considerada como doença pela Organização Mundial de Saúde. Infelizmente, os que estão nesta situação não se consideram dependentes.

"Dependente é todo aquele que está subordinado a pessoas ou a substâncias para sobreviver. Aquele que não tem recursos próprios e depende de algo ou de alguém." (Dicionário da Língua Portuguesa, Ed. Saraiva).

A definição não poderia estar mais correta, pois quem se torna dependente de qualquer substância, situação ou pessoa não aprendeu ainda a utilizar os recursos íntimos dos quais foi dotado por Deus.

Seja o álcool, o tabaco, outras substâncias e até mesmo uma situação qualquer de compulsão, como do sexo, das compras, da comida, dos jogos, dos exercícios físicos e de tantas outras, nada disso tem a condição de nos trazer felicidade. A felicidade vem do amor, do afeto, da amizade, da prática da caridade, da superação de nossas limitações e das conquistas espirituais.

Vários cientistas já comprovaram que a prece, o amor e o afeto produzem endorfinas e outras substâncias responsáveis pelo equilíbrio e harmonia de nosso corpo físico.

Quando Jesus nos ensina que o reino de Deus está dentro de nós, nos falava ele de todo nosso potencial de cocriadores, de filhos do Criador, que, ao nos conscientizarmos de nossas potencialidades, poderemos criar um reino de paz e trabalho, manipulando a química das energias divinas, pautadas no amor e no bem.

Capítulo 23

Mediunidade em crianças

Encontramos não raramente fortes alegações sobre a mediunidade em crianças. Não poderemos aqui contestar de todo, porque estaríamos excluindo casos conhecidos, apesar de poucos. Um que se destaca é o nosso querido Francisco Cândido Xavier, que teve sua mediunidade se manifestando por volta dos cinco anos de idade.

As ditas manifestações não necessariamente correspondem à realidade da intermediação. O Espírito André Luiz, em sua obra "Missionários da Luz", nos diz que o processo de reencarnação ocorre até os sete anos de idade, desta forma, teremos que considerar alguns aspectos importantes da fase infantil, quando o Espírito reencarnante tem uma relação muito próxima com a espiritualidade.

E por que isso ocorre?

Buscando clarear ainda mais o que expusemos, o Espírito em fase de reencarnação, tem sua formação corpórea em andamento até mais ou menos os quatro anos de idade. Nesta fase, o Espírito ainda não completou sua ligação com o novo corpo, e poderíamos considerar que está "aportando" na materialidade, tendo ainda maior percepção do mundo espiritual e podendo, desta maneira, não só ter acesso aos Espíritos desencarnados, mas também lembranças da existência anterior em algumas situações. Após este período, o cérebro e a organização fisiológica exigem mais do reencarnante, bloqueando as manifestações que podem ser confundidas com mediunidade.

Aos sete anos de idade, completa-se o processo reencarnatório, sendo que todos os sistemas orgânicos encontram-se completos e a ligação molecular do perispírito com o corpo será total ao atingir esta idade. Desaparece qualquer resquício possível de lembrança de personalidade anterior ou relacionamento com

Espíritos desencarnados através de contato visual ou mesmo auditivo, considerando naturalmente que estes contatos se dão pelos órgãos perispirituais, e não físicos.

Geralmente, estas são as circunstâncias, porém não podemos considerá-las de forma absoluta, sob pena de colocarmos tudo em uma mesma medida.

Outro aspecto a ser considerado é o caso do chamado amigo (a) imaginário (a), muito bem catalogados há décadas pela psicologia.

Em algumas oportunidades, poderemos encontrar problemas relativos a perseguições espirituais, já que, apesar do corpinho frágil, estamos lidando com um Espírito pré-existente e recém-reencarnado, que pode possuir graves comprometimentos com parceiros ou parceiras do passado.

Desta forma, se costuma classificar esses tipos de desequilíbrios como mediunidade. Todavia, não existe uma base sólida para tal afirmação, uma vez que tratados os enfermos, o reencarnado e o desencarnado procurando vingança, estas situações de contato desaparecem.

Na sabedoria divina não existem acasos, sendo assim, nenhuma situação ocorre fora das leis de Deus.

Portanto, na maioria das vezes, o fato da mediunidade não se manifestar de forma efetiva é para nós uma proteção ao desenvolvimento orgânico, proporcionando uma infância tranquila e harmoniosa, dando o devido tempo para a maturação fisiológica adequada.

É incomum a manifestação mediúnica dar-se na infância, não descartando casos especiais, como já mencionamos; entretanto a mediunidade nesta fase acarretaria dificuldades não só orgânicas, mas também psíquicas, para o reencarnante que está no início de sua adaptação no planeta.

Como sabemos, a natureza não dá saltos e, à exclusão dos aspectos já mencionados, teremos tempo adequado de trabalhar na seara do Cristo, tão logo tenhamos maturidade para tanto e para que sejamos ferramentas proveitosas e úteis em Suas divinas mãos.

Sempre melhor aguardar que o fruto amadureça com o tempo, sem que para isso pais ou dirigentes apressem aquilo que deverá obedecer à cadência dos anos, para que o Espírito possa, quando tiver discernimento suficiente e quiser assumir as suas responsabilidades dentro da seara mediúnica. Se a justiça divina se faz entre nós, ela está vinculada diretamente ao livre-arbítrio do ser, para que a semeadura possa ser livre e a colheita obrigatória, conforme ensinou Jesus.

Capítulo 24

Gravidez e mediunidade

Emmanuel, o iluminado mentor de Francisco Cândido Xavier, ensina que se quisermos ver o amor de Deus materializado no mundo, basta que olhemos para o amor de uma mãe. Sem dúvida, a mãe é a médium de Deus na Terra, sua intermediária direta na concepção da vida.

Diante de tanta grandeza e beleza, alguns amigos nos questionam ao fato de a moça no estado de gravidez participar das tarefas mediúnicas.

É questão de bom senso e de orientação médica não submetermos a futura mamãe a situações estressantes, para que o conforto seja mantido, não só em relação ao quadro em que se apresenta, gerando maior sensibilidade, como também ao Espírito que está em processo de reencarne.

É necessário frisar que gravidez não é doença, não incapacita a mulher, mas é necessário também dizer que a prioridade neste momento é a gestação, a manutenção da vida e a oportunidade bendita da reencarnação.

Determinadas atividades dentro da casa espírita, apesar de não apresentarem nenhum risco à gestante, podem ser desgastantes, cansativas e devem ser evitadas.

Outros tipos de atividades, como a sustentação vibratória em assistências que não sejam de desobsessão e atividades voltadas para a orientação doutrinária ou doutrinação, também não apresentam nenhum tipo de desconforto em relação ao trabalho em si, até porque o reencarnante está recebendo energias altamente positivas das entidades presentes no ambiente, e, se for o caso, pode estar ainda com consciência de sua situação, o que ocorre em alguns casos de reencarne, para adquirir diretamente os ensinos ministrados. Pode também encontrar-se inconsciente, uma realidade em nosso plano evolutivo para a maioria de nós, e o Espírito que está chegando para a sua jornada terrena, captará todas as vibrações do ambiente, podendo receber maior dose de ânimo e sustentação para a tarefa que está por começar.

Então todos os tipos de atividades estão facultadas à futura mamãe?

Não necessariamente. Alguns aspectos precisam passar pelo crivo da razão.

Falamos sobre trabalhos que preservem o conforto da gestante, tanto no sentido físico quanto no psíquico. Se a voluntária se encontrar no início de seu período de gravidez e estiver ligada ao trabalho de evangelização de Espíritos em condições difíceis de entendimento, promovendo ainda processos obsessivos ou situações semelhantes, não é recomendada a continuidade deste tipo de atividade por razões bastante óbvias.

Lembremos que os assistidos, tanto encarnados quanto desencarnados, que se encontram em estado obsessivo ou com desequilíbrios mais acentuados, podem emitir vibrações penosas que serão captadas não só pela voluntária, como também pelo Espírito em gestação.

Na assistência da desobsessão, tanto o futuro reencarnante quanto a sua genitora, poderão se impressionar não somente com observações de quadro doloroso, mas também assimilar, energias desequilibradas das mentes que estão em quadros enfermos apesar de toda a proteção espiritual que temos neste tipo de atividade. Naturalmente que a proteção não deixará de ser efetiva para todos. Apenas salientamos o fato de a sensibilidade de ambos, mãe e filho, estar mais acentuada, levando-se ainda em consideração que o quadro hormonal da futura mamãe se encontrará alterado, podendo afetar sua sensibilidade, principalmente no dia da reunião.

No entanto, o trabalho em favor do bem poderá sempre ser exercido, porque o importante é estarmos em atividade com Jesus, e o simples copo com água que oferecemos em nome do Senhor, é bênção não só para aquele que necessita, mas como para aquele que doa.

Como nos ensina Emmanuel: "O mais importante na atividade do bem, é o próprio bem". Sendo assim, devemos procurar antes de tudo sermos bons em todos os momentos de nossa vida.

Lembrando Jesus: "Procurai antes as coisas dos Céus, e tudo mais vos será acrescentado".

Capítulo 25

Mediunidade e pensamento

A Ciência insiste ainda em afirmar que o ato de pensar está relacionado ao quimismo cerebral e aspectos afins.

Que a química ocorra, é incontestável, mas o agente, o causador, que é o Espírito, continua sendo ignorado. Por quê?

Naturalmente, porque a Ciência tradicional não pretende lidar com as causas que estão além da matéria e, para essas causas, os Espíritos nos trouxeram revelações preciosas sobre a vida espiritual e a imortalidade.

O ilustre Codificador deu forma a uma nova Ciência, que englobava não mais e tão somente os aspectos relativos à matéria densa, mas também às questões relacionadas à matéria sutil, e principalmente ao agente causador, o Espírito, que dela se serve para a sua evolução, apesar da sutilização que sofre com o processo.

Como veículo imediato de suas manifestações no mundo espiritual e intermediário para a matéria mais densa, utiliza-se o Espírito de um corpo de matéria sutil, que recebeu ao longo da história pelo mundo todo, mais de 50 denominações diferentes, e que Allan Kardec, fazendo uma comparação com o perisperma do fruto, denominou de "perispírito".

Em outras filosofias ou religiões, o perispírito recebe diferentes denominações. Alguns exemplos:

Mano-maya-kosha - Índia Védica

Kha ou Bai - Sacerdotes egípcios

Kama-rupa - Budismo

Eidolon, okhema, ferouer - Gregos

Khi - Tradição chinesa

Corpo astral - Alquimistas, esoteristas, teosofistas

Corpo fluídico - Leibniz

Modelo Organizador Biológico - Hernani G. Andrade

É pelo perispírito que o Espírito comanda seu corpo físico, por ser o elemento ponte que envia comandos e recebe sensações e informações do mundo exterior.

Veículo de manifestação no plano sutil interage com outros Espíritos não somente, no período do sono; estejam eles encarnados ou desencarnados.

Não somente pelo sono, porque o Espírito, sendo capacitado e livre, estabelece outras formas de contato, sendo o mediúnico uma prova incontestável.

É através do pensamento que o Espírito comanda a expansibilidade do seu perispírito, podendo adensá-lo ou sutilizá-lo, desde que disponha de evolução para tanto.

Também pelo pensamento, que lhes é inerente, se dá a comunicação entre os Espíritos, estejam eles na dimensão que for, e é desta maneira que a mediunidade se processa.

A comunicação mediúnica obedece ao interesse de ambos os Espíritos, o comunicante e o intermediário, onde estes se esforçam para expandir seus respectivos perispíritos e entrelaçar-se num objetivo único, para que a comunicação se efetive.

Esta comunicação não está atrelada a um ditado de palavras, assim como por parte do medianeiro em uma passividade sem participação.

O médium se predispõe, oferecendo disciplina, recursos obtidos pelo estudo, esforço de reformulação íntima nos parâmetros do Evangelho do Cristo, fraternidade e solidariedade. Estes aspectos diferenciam o médium com Jesus dos candidatos que simplesmente "brincam" com aquilo que não conhecem, comprometendo não somente a si mesmos, mas também situações e pessoas.

Por que a necessidade então da conscientização e preparo adequado? Porque a mensagem vem cifrada pelo comunicante ao intermediário, e este, por sua vez, com os recursos que disponibiliza, decifra o conteúdo com a maior clareza e objetividade possível, obedecendo aos parâmetros ditados pelo Espírito que se comunica.

O pensamento é o veículo de comunicação, mas não significa que ocorra um ditado de palavras, isso faria do médium um simples robô ou uma máquina.

Mediunidade obedece ao dinamismo de participação entre duas mentes, com o objetivo de levar consolo e informação e tendo como fim o engrandecimento do ser, a melhoria do grupo e sua respectiva evolução.

Vale lembrar, ainda, que a intermediação é participação ativa de ambas as criaturas que estão interessadas no processo, constituindo-se um caminho de mão dupla, que se dá pela influência dos pensamentos de um sobre o outro.

O simples fato de o Espírito comunicante estar transmitindo uma mensagem não significa que seu pensamento não possa também ser influenciado pelos valores daquele que é o receptor, por isso a necessidade do preparo de ambos dentro dos padrões Evangélicos, nunca desprezando o contínuo esforço em todos os campos do conhecimento que se encontrem disponíveis.

Mediunidade é trabalho ativo, onde o pensamento é o veículo e necessita dos cuidados próprios relativos a ele. É o exercício do pensar equilibrado para que estejamos em sintonia com esferas superiores, não somente diante da tarefa a ser realizada em momento específico dentro da casa espírita, mas principalmente estarmos com o canal desobstruído e devidamente higienizado para que possamos ser mais úteis para nós e para aqueles que se candidatem ao trabalho ativo conosco no processo da comunicação, tornando-nos ferramentas do bem e do amor.

Capítulo 26

Ampliação da capacidade de perceber. É possível para todos?

Sempre que se fala em mediunidade, tem-se a impressão de se tratar de algo externo, que se constitui como um corpo estranho, como se pudéssemos incluí--la em nossa vida.

Prático até, poderíamos dizer, porém pouco verdadeiro. Mediunidade é instrumento de progresso, desde que entendida como tal, fazendo parte inerente ao ser que, ao reencarnar, traz consigo em suas estruturas perispirituais a refletir-se no corpo físico.

Como dispositivo que se apresenta, poderá ser utilizada como convir ao seu portador, arcando ele com a responsabilidade de seus desvios, como qualquer utensílio que se utiliza sem o devido cuidado, ocasionando danos de larga extensão para o irresponsável portador e para aqueles que possam ser suas vítimas.

Dito isto, a pergunta que se faz de maneira generalizada é: "Todos são médiuns?". A resposta é simples, sob o ponto de vista também generalizado: "Sim, todos o são". Porém, nem todos possuem a mediunidade ostensiva, conhecida também como mediunidade de tarefa.

Em alguns casos o envolvimento espiritual também poderá ser confundido com mediunidade. Entretanto, esta possibilidade perceptiva está relacionada a uma questão de desajuste, quando a assistência espiritual poderá ser de grande auxílio ou até mesmo de solução definitiva, não descartando ainda a especialização médica. O que se apresenta como necessário para tal candidato é a educação dentro do campo mediúnico com as orientações e exercícios necessários, nunca descartando o trabalho constante da evangelização para que a mediunidade seja ferramenta útil a serviço de Jesus.

No processo de sua educação, aspectos que se apresentam de imediato nem sempre serão de longa duração para o compromisso que trazemos no terreno mediúnico. Significando que, em um primeiro momento, a sensibilidade toda se apresenta, dando a impressão de que todas as faculdades estarão à disposição dos amigos espirituais.

Quase sempre as faculdades que se apresentam em um primeiro momento, não se encontram definidas. Para deixar este ponto mais claro, podemos dizer que o fato do candidato iniciante demonstrar a possibilidade da psicofonia, psicografia, vidência, entre outras, não significa que ele será um forte atuante em todas elas.

Pode ser que a faculdade de acordo com seus compromissos espirituais, seja a psicografia e, por mais que a vidência se apresente, devemos prestar maior atenção naquela manifestação com a qual mais estamos aptos e confortáveis.

Sem nenhuma generalização de nossa parte, não podemos fechar a questão, porque encontramos médiuns versados em vários tipos de faculdades. Cada Espírito tem as suas responsabilidades e necessidades para o trabalho a ser executado em favor de si mesmo, em relação ao seu progresso e do seu semelhante, que é o objetivo principal.

Logo, a ampliação da capacidade perceptiva é possível para todos? Por que não? Poderíamos indagar.

A princípio, a resposta é: "Sim, pode ser ampliada", porque o exercício continuado tem influência naquele que se propõe a realizá-lo disciplinadamente, porém, que essa ampliação vá tornar-se de caráter absoluto no quesito mediúnico, há uma distância considerável.

Algumas pessoas não estão capacitadas mediunicamente dentro da proposta de vida na presente encarnação, estão mais sensíveis, mas não estão compromissadas dentro da seara mediúnica.

Lembremo-nos do próprio Codificador da Doutrina, Allan Kardec que, apesar de sua obra hercúlea da Codificação, utilizou-se de vários médiuns sem que isso lhe tirasse o valor e a responsabilidade.

O mais importante não é a mediunidade em si, mas nos educarmos dentro da metodologia evangélica, buscando a prática do amar ao próximo como a si mesmo.

O que vale para a mediunidade? É melhor ser um bom médium ou um médium bom?

Se mediunidade é ferramenta, podemos utilizá-la de maneira responsável ou não, resultados se apresentarão em breve tempo conferindo-nos alegrias ou a necessidade de refazer aquilo que falhamos pela própria falta de vigilância.

Capítulo 27

Sintonia e manutenção dos pensamentos elevados

A sintonia é condição básica e essencial para o sucesso dos nossos propósitos de trabalho com a mediunidade. Sintonizar-se simplesmente é tarefa fácil e comum a todos os seres. Uma vez que a linguagem do Espírito é o pensamento, difícil, todavia, é bem sintonizar-se, o que está fortemente relacionado às nossas aptidões, valores e objetivos.

Como um aparelho comum de rádio, podemos passar rapidamente por muitas estações transmissoras de acordo com o nosso interesse, mas só sintonizaremos aquilo que desejarmos. A rigor, é grande o número de criaturas que vivenciam processo semelhante, por imaturidade ou desconhecimento sintonizam-se sem critério, dando acolhimento a pensamentos negativos e inúteis. Vive-se no mundo das ideias passageiras, sem norte, perdendo as oportunidades de realização pessoal na presente existência e também alheios aos objetivos da realidade espiritual. Sem propósitos nobres de crescimento, deixam-se levar como barcos perdidos à mercê das ondas.

Utilizamos o rádio como exemplo, mas poderíamos agregar outros veículos à nossa disposição, como a Internet e até mesmo a TV. Ambas nos oferecem programações diversas, e a liberdade de escolha nos permite optar por aquilo que nos atenda ao imediatismo material ou a interesses do Espírito, com programas que reúnam cultura, informação e também lazer.

Somos livres e essa liberdade de escolha materializa em nós a sabedoria da justiça do Criador. Com o poder de escolha, tornamo-nos mais responsáveis à medida da nossa conscientização. Ensina Jesus a esse respeito: "A semeadura é livre, porém, a colheita é obrigatória".

Dentro deste conceito maravilhoso de liberdade responsável, encontramo-nos iniciando um século que solidifica todos os caminhos para a globalização, a informação e a comunicação através de uma tecnologia que reflete a inteligência do ser, demonstrando o futuro que nos aguarda, de conhecimento, crescimento e aperfeiçoamento.

Claro está nossa condição de estudantes, não mais em períodos iniciais, mas avançando a passos largos para cursos superiores, quando gradativamente desenvolveremos o saber e o amor.

É nisso que o capítulo da sintonia e de pensamentos elevados está baseado.

Não basta querer apenas, é preciso saber o que se quer e ainda pautar este querer no bem e no amor. Do candidato ao trabalho mediúnico, exige-se o exercício constante para uma sintonia adequada. Ligado exatamente no que se quer, e não mais assumindo a postura negligente do "pensar em tudo sem pensar em nada" por total falta de foco. O médium é uma antena receptora e cabe a ele bem direcionar esta recepção.

Se a pergunta é: como? A resposta não traz grau de dificuldade exagerada, porque somos senhores de nós mesmos, quando decidimos pela opção do exercício no campo do autodomínio.

O célebre "conhece-te a ti mesmo", do templo de Delfos, fala também utilizada por Sócrates, filósofo e precursor do Espiritismo, é rota de crescimento. Descobrindo-nos, saberemos o que necessita ser trabalhado, controlado e transformado.

Os sentimentos negativos tais como o ódio, a mágoa, a inveja, o ciúme, a tristeza, a ansiedade, o orgulho, o egoísmo, entre outros, ainda fazem parte de nossa vida. Somente os Espíritos mais evoluídos não os têm. Os possuímos por falta de evolução, mas podemos controlá-los, destruindo-os logo em seu início, não deixando que cresçam tomando conta de nossos pensamentos e atraindo aqueles que se afinam com seu teor negativo.

No bem sentir, encontraremos o bem pensar.

A prece é recurso precioso de controle que devemos utilizar a todo instante. Modifica nossa vibração pela qualidade do pensamento emitido. Será um trabalho de atenção permanente em relação aos aspectos mais simples da vida. Prestarmos atenção em nós mesmos, quebrando os automatismos de respostas e posturas.

Para isso, reforçamos a necessidade básica de começarmos nas pequenas atitudes, que nos escravizam em sua automatização, torturando-nos vezes sem conta e fazendo-nos dispensar energias que deveríamos empregar em projetos úteis e promissores.

É no bom gerenciamento das pequenas coisas que nos capacitamos para as maiores. É processo de solidificação em nós mesmos. Quantas vezes conferimos se a luz está acesa, se a porta está trancada, se tomamos o remédio habitual, etc.?

Estamos utilizando de exemplos simples, mas que podem servir de demonstração para a necessidade do exercício da atenção. Na construção do hábito, exercitamo-nos.

Quem se habitua a observar de forma genérica, acaba não vendo e ouvindo o que lhe diz respeito. Jesus novamente: "Aquele que tem ouvidos de ouvir, ouça".

Queremos reafirmar que a sintonia e o pensamento elevados iniciam-se com a determinação e vontade que aplicamos neste objetivo, substituindo hábitos negativos, buscando o aprimoramento através do estudo e do trabalho, servindo mais, não somente a nós mesmos, mas também ao nosso semelhante.

Esses são os exercícios que podemos fazer, não durante algumas horas do dia, mas, aonde nos encontrarmos e com quem estivermos.

Se quisermos nos melhorar, a convivência terá que ser ampliada com aqueles que nos são superiores. E como alcançar a superioridade em nós mesmos, senão através do esforço constante da auto-observação e no trabalho incessante de autoaprimoramento?

Capítulo 28

Ambiente da reunião mediúnica

Quando tratamos de um ferimento, sabemos da importância da assepsia e de todos os cuidados inerentes para evitarmos qualquer tipo de contaminação por bactérias e afins.

Se nos encontramos no lar, os produtos que levamos à mesa passam, não só pelo processo de escolha, como de higienização, uma vez que servirão para alimentar nossa família.

Se o tratamento das situações materiais e corriquei-ras merece cuidado adequado, por que nos descuida-mos das atividades de ordem espiritual?

Os descuidos começam dentro da casa espírita ou mesmo no grupo mediúnico, com a falta do exercício da fraternidade, da solidariedade e da união de pro-pósitos, visando o crescimento não apenas individu-al, mas também coletivo. Estes descuidos se repetem quando adulteramos nossos pensamentos na qualida-de de sentimentos negativos. Sentimos e pensamos. O pensamento produz matéria mental, energia que se qualifica no teor de nossos sentimentos. Emitimos energia mental constantemente, inclusive no ambiente de nossas tarefas mediúnicas. Quando a energia é ne-gativa, afeta a qualidade energética do local, dificultan-do a realização de um trabalho à altura dos objetivos propostos pelos amigos espirituais dentro da reunião. Nestes casos, a espiritualidade tem trabalho redobrado para neutralizar as vibrações do colaborador em ques-tão, de modo que estas não interfiram na assistência.

A qualidade vibratória de um ambiente se elabora na qualidade da vibração emitida por seus integrantes. Orai e vigiai.

A equipe mediúnica pode ser comparada a uma

grande orquestra. Cada músico toca seu instrumento e dá sua contribuição no todo, mas para que haja qualidade musical, todos têm que estar afinados, tocando em harmonia a música proposta. O pensamento em desequilíbrio é a nota do desafino, podendo prejudicar a harmonia da música, comprometendo a equipe.

A vida nos oferece constantes oportunidades em nossos relacionamentos para que trabalhemos os potenciais divinos que residem em estado latente em nós. A Lei de Sociedade visa o aprendizado da convivência harmoniosa, apesar das diferenças.

A fraternidade começa a ser exercitada dentro do lar para ser exportada à sociedade, e assim melhoramos a nós e ao mundo que nos cerca. Precisamos de coerência em nossas atitudes. Quantas pessoas conhecemos que aparentam bondade dentro da casa espírita, e são verdadeiros tiranos domésticos? Não podemos ser ovelhas e lobos ao mesmo tempo. A importância que damos à nossa vida, à maneira de nos relacionarmos, nossa postura, costumes, hábitos e pensamentos, quando bem direcionados, acabam se refletindo beneficamente nas atividades que desenvolvemos na casa espírita, trazendo resultados positivos para todos.

Buscar a união em torno dos objetivos cristãos requer esforço continuado, dedicação, tolerância, renúncia e muita disposição. Vontade de realização constante, para que os resultados se materializem dentro das propostas lastreadas no Evangelho do Cristo.

Se a realidade da vida familiar e social nos solicita essa disposição e dedicação, o que dizer quando nos colocamos a serviço de Jesus?

É necessário que levemos para o ambiente da reunião mediúnica o esforço empreendido em nossa vida, dentro e fora da casa espírita. A fraternidade, o desejo de servir, a união dentro da causa comum, que é atender aquele que mais sofre, e a boa vontade, devem ser foco e objetivo daquele que se candidata ao trabalho com o direcionamento do Evangelho. Personalismo, ausência de fraternidade e falta de união porque nossos pontos de vista não são atendidos, devem estar excluídos dos nossos propósitos. O necessitado merece a melhor assistência que possamos oferecer, ele é o motivo maior da reunião.

Para que as nossas atividades em favor dos assistidos tenham a melhor qualidade possível, como intermediários que somos, temos que buscar a elevação dos nossos pensamentos preparando-nos convenientemente. Preces e leituras elevam o padrão vibratório e, através deste nos ligamos à equipe espiritual, unidos produzi-remos energias balsamizantes, reequilibrantes, regene-radoras e curadoras. É ponto obrigatório uma postura de respeito, de pensamentos elevados e de muita união para que os resultados possam ser colhidos de imediato por aqueles que vêm em busca de socorro, tanto encar-nados como desencarnados.

O trabalho dentro da seara do Cristo deve ser rea-lizado com alegria e prazer, não mais o momento da obrigação ou do temor de que se não trabalharmos nos-sa mediunidade, nossa vida vai andar para trás, porque seremos castigados. Estas ideias não cabem mais em nossos dias, pois já sabemos que Deus é um Pai justo e misericordioso. Deve ser realizado porque desejamos, porque estamos conscientes de nossas necessidades e, principalmente, das de nossos semelhantes.

Não encontraremos a felicidade vivendo em um vale de dor, quando tantas criaturas sofrem principalmente a condição do abandono. É necessário que estejamos dispostos ao trabalho com Jesus, onde nos encontrar-mos, para que no momento da reunião simplesmente reflitamos a postura do trabalhador do Cristo.

Viver Jesus é viver sua moral todos os dias. Procure-mos ser na casa espírita e na reunião mediúnica o que somos para as nossas melhores visitas, e sejamos em nossa vida de relacionamento aquilo que demonstramos na casa espírita.

O bem não vive separado e não faz parte de locais determinados, mas deve ser nosso compromisso constante.

Capítulo 29

Prece e preparo

Dentro da reunião mediúnica, o preparo para os médiuns é de suma importância. A prece, as leituras e as palestras edificantes nos auxiliam a trabalhar nossos pensamentos para que estes elevem sua vibração e, harmonizados, se liguem à equipe espiritual para facilitar a união com os demais médiuns e colaboradores da reunião. A emissão destas energias salutares envolve todo o ambiente dos trabalhos mediúnicos, imantando fluidos que se fazem necessários para as curas e os atendimentos ali realizados.

Alimentação saudável para uma digestão adequada e que não influencie nossa disposição orgânica e vibratória, cuidados relativos ao comportamento mental, para que não nos expressemos de forma inadequada em qualquer situação, também são recomendáveis.

Quanto à prece, ela deve ser espontânea, originada de um coração aberto para as realidades espirituais do ser, para que o contato com as demais esferas ou dimensões possa se dar em caráter de equilíbrio e perfeita sintonia.

Recomendações mais que louváveis, porém, o trabalhador precisa reconhecer que prece e preparo não são acessórios utilizados somente no dia da reunião, esquecendo-se por completo dos compromissos de esforço continuado para a reforma interior, que vai além da postura adequada, nos dias do trabalho mediúnico. Conforme literaturas de nosso querido Chico Xavier, alguns casos de obsessão começam a ser trabalhados dias antes da sessão mediúnica, quando a equipe espiritual favorece a aproximação dos irmãos em sofrimento, do médium que fará a intermediação para auxiliar no processo de libertação mental; por isto a necessidade de buscar sempre manter o pensamento elevado para a sintonia adequada.

Como ser intermediário da espiritualidade de maneira equilibrada sem estar harmonizado e preparado? Pontualidade e assiduidade são fatores essenciais para o médium responsável. Muitos companheiros não consideram importante a disciplina para a prática mediúnica, esquecendo-se que nossos direitos acabam no limite onde começam os direitos de nossos semelhantes, e que não devem conturbar, prejudicar e constranger a ordem e o bom andamento das atividades às quais nos oferecemos como voluntários. É evidente que ocasionalmente alguns imprevistos podem dificultar nossa pontualidade, mas a inconstância deverá ser analisada e corrigida. Claro está que só servir não basta. É necessário que o servir seja amparado por um comportamento cada vez mais identificado com o Evangelho de Jesus.

O trabalho mediúnico inclui voluntários dos dois planos da existência e, para tanto, como em qualquer relacionamento, há de se considerar os aspectos do respeito e do equilíbrio. Não construímos um relacionamento sólido, seja em que terreno for, se não trabalharmos com assiduidade e compromisso. As verdadeiras amizades são construídas através da relação constante e com posturas adequadas por parte daqueles que buscam a integração no citado terreno. Por que seria diferente entre nós, Espíritos reencarnados e os nossos irmãos desenfaixados do corpo mais denso?

A lógica nos diz que estamos para eles, que se voluntariam como nós para o serviço do bem, como estamos para a nossa própria proposta em relação ao trabalho na seara de Jesus.

Então, o preparar-se não é atividade para um dia apenas, é a busca constante de reformulação consciente.

Espíritos com bagagens milenares, por vezes trazendo material contaminado de várias existências, insistindo em pontos de vista totalmente equivocados, lutamos contra a reformulação interior por comodismo em determinados instantes ou por puro desconhecimento.

É exatamente aí que o Evangelho de Jesus, código de reforma e conscientização, entra em nossas vidas preparando-nos através do exercício constante, para que possamos dar o melhor de nós, não somente em datas específicas, mas em todos os momentos e estabilizando nossa relação com as nossas responsabilidades, aonde e quando estivermos.

A prece como ligação constante com O Criador, com o nosso Mestre e seus emissários, será o sustentáculo dos nossos esforços, no sentido de nos reformar e nos capacitar cada vez mais para os nossos compromissos diários e específicos nas atividades com Jesus.

Verdadeiro bálsamo para as nossas almas, retira-nos de zonas inferiores do pensamento, do descrédito de nós mesmos, e capacita-nos a novos desafios, enquanto faz um verdadeiro trabalho de higienização em nossa mente, levando-nos a contatos cada vez mais superiores.

Prece e preparo será para o trabalhador responsável bandeira que deverá ser hasteada todo dia, esteja o tempo como estiver: ensolarado, nublado ou chuvoso, exigindo um esforço constante para mantê-la sempre perfeita e tremulante para a nossa vitória final, sobre nós mesmos, dentro dos padrões do Evangelho, para que possamos ser, de nossa parte, sempre e cada vez mais úteis e melhores em todas as atividades a que nos propusermos.

Capítulo 30

Chefe ou líder?

A liderança genuína não está atrelada à condição de mando comum à qual a humanidade se habituou, onde aquele que detém o poder não aceita ser contrariado, pois acredita ser senhor da situação e dono da verdade absoluta. Muitas vezes dotado de orgulho exacerbado, vê-se como "dono" de pessoas, instituições e cargos. Elege seus subordinados somente por afinidade ou interesses, não levando em conta os talentos que deveria aproveitar, estimular e bem direcionar, pois sente-

-se ameaçado por quem demonstra mais preparo que ele mesmo e, de uma forma imatura, não enxerga ali a oportunidade de união, de crescimento e de melhoria, não estimulando a cooperação, mas a competição.

Infelizmente, nem sempre o conceito correto de liderança é compreendido, e nem todos que detêm o compromisso de liderar buscam pautar esta oportunidade no Evangelho do Cristo.

Onde não há a fraternidade e respeito, não há líderes, mas criaturas caprichosas que lutam para fazer valer sua vontade, não respeitando o semelhante, não valorizando o esforço e trabalho daqueles que estão sob seu comando.

É muito clara a responsabilidade daquele que tem o compromisso de dirigir mentes e corações.

Todavia, existem grandes diferenças entre ser um líder e ser um chefe.

Com a evolução, deixaremos de ser "chefes" para sermos líderes. A ideia do chefe nos remonta à tribo, onde este sempre detinha mais força corporal, demonstrando certos talentos físicos e coragem acima da média. A brutalidade era marca de sua postura. Saídos da animalidade, o instinto preservava o mais forte, dando-lhe descendência pela obviedade da necessidade de preservação da espécie e garantindo dessa forma a continuidade da sociedade.

Mas como comumente se diz: "Cada coisa no seu tempo e lugar". Essa necessidade foi gradativamente sendo substituída pela chamada liderança, apesar da insistência de alguns grupos que se mantinham com ares ultrapassados no mando, regurgitando um poder que verdadeiramente não detinham, pois o poder é efêmero e passageiro, como todas as outras situações e cenários de nossas reencarnações.

O líder não tem braços de ferro, não impõe suas ideias à força, este é o tirano. Não centraliza, mas divide as responsabilidades, aceita sugestões, orienta, motiva o crescimento dos seus comandados e prepara futuros líderes, pois reconhece a transitoriedade de sua posição e toma as decisões mais adequadas em benefício da maioria.

Jesus é o maior exemplo de liderança no planeta, que demorará muito a ser assimilado. Seus exemplos e postura demonstravam a verdadeira liderança, pois sempre estiveram baseados no amor e na fraternidade.

Podemos encontrar em muitos manuais, palestras e seminários, grandes gênios e celebridades se utilizando dos simples e profundos conceitos do Mestre Nazareno.

Alguns poderiam afirmar que estamos há anos luz de distância de Jesus, existindo grande diferença evolutiva daquele Espírito para conosco, mas os exemplos aí estão para serem seguidos, evidentemente na condição evolutiva em que nos encontramos. O que seria da escola e dos mestres, se estes fossem apenas elementos decorativos de uma sociedade? Os mais experientes e preparados devem ser nossa fonte de inspiração, mas Jesus sempre será o Modelo dos modelos. E, como se formariam os mestres, senão pelo próprio exercício de comando? É notório que ninguém foi criado por Deus já detendo o conhecimento, este é adquirido pela vivência e assimilação do aprendizado. Os erros e enganos dos iniciantes diminuem quando buscam seguir os exemplos de amor e bondade, tendo empatia pelos liderados, colocando-se no lugar do outro e, mais uma vez relembrando Jesus, fazendo ao outro o que gostaríamos que fosse feito para nós.

Independentemente de grau evolutivo, Jesus nos demonstrou a necessidade da associação para produzir. Contava ele com elementos diversos, no que diz respeito ao conhecimento, intelectualidade, evolução espiritual e etc. Mas nem por isso, prescindiu da necessidade de agrupar os talentos de que dispunha. Valorizou cada componente dentro das limitações que apresentavam. Sabia ele que aqueles homens ofertavam o seu máximo naquele momento. Valorizou-os de modo a estimular o crescimento de cada um, aguardando a madureza que se fez acontecer através do tempo. Assim foi com Simão Pedro, um simples pescador que, com o tempo e muito trabalho, adquiriu experiência, transformando-se em grande líder para a nova Doutrina.

É necessária a reformulação dos princípios do comando que, com esforço, boa vontade e determinação, transformará a posição egoística do chefe para o altruísmo do líder.

A liderança altruísta não exime disciplina, responsabilidade, lucidez e bom senso nas decisões que, por vezes, contrariam o interesse de alguns. O benefício há de ser sempre para a maioria, objetivando resultados que tragam evolução e crescimento. Só agrada a todos e não erra aquele que nada faz. Quando o líder admite a participação da equipe em suas decisões, o consenso surge e, apesar de não ser possível o acerto absoluto, o insucesso, além de mais raro, se tornará motivo de aprendizagem, onde todos se esforçarão mais pelo trabalho bem realizado, pois se sentirão parte ativa nas propostas.

Se o padrão prima pelo Evangelho do Cristo deverá ser ele, o dirigente, o melhor exemplo que se possa encontrar daquilo que se espera de um líder, quando seu direcionamento esteja pautado dentro da humildade, da conciliação, do respeito e, acima de tudo, de muita compreensão e amor.

Buscando exercitar essas características, não estará se tornando criatura manobrável, vivendo à mercê das ondas, mas no exercício pleno da fraternidade orientando no que for mais necessário diante do momento, baseado no ensinamento do Cristo, de que o seu sim seja sim, e o seu não seja não. Isso não será fator impositivo, mas de disciplina e ação, quando se fizerem necessárias.

O dirigente, antes de tudo, é também um aluno, não só professor; podendo encontrar lições para si mesmo diante da diversidade de talentos e experiências de seus comandados.

Saber ouvir, meditar e avaliar consiste em sabedoria, mesmo que as ideias provenham de mentes aparentemente sem experiência na questão que se apresente. Porém, sempre existe a oportunidade para o aprendizado, e o líder deverá buscar esse posicionamento sempre que necessário for.

Capítulo 31

A mediunidade e o futuro mundo de regeneração

Muito se tem falado sobre as alterações esperadas para o mundo de regeneração, mas lembremos de que não é nosso planeta que passa por essas alterações, materialmente falando, mas sim seus habitantes, fazendo com que os reflexos de seu comportamento se materializem no ambiente onde vivem.

Em um mundo regenerado, será incontestável o cuidado de todos os seres para com a natureza, respeitando todos os reinos da Criação, assim como o seu seme-lhante. Porém, alguns anunciam mudanças drásticas e tão rápidas que, se nelas acreditássemos, não poderíamos vislumbrar o amor do Criador por Suas criaturas. Se assim o fosse, negaria o Senhor da vida Seu amor absoluto para conosco e agiria como carrasco através de Seus emissários, ordenando a expulsão do orbe terrestre de todos aqueles que não fossem bons, bem a gosto dos que ainda acreditam na expulsão do homem do paraíso. Pois acreditam, em sua extrema inocência, que Adão desobedeceu às ordens divinas comendo o fruto da árvore da sabedoria.

Esquecemo-nos que o terceiro milênio iniciou-se no ano 2.000, e se encerrará no ano 3.000. Durante esse período, o Espírito habitante de nosso planeta e de suas dimensões relativas, passará por alterações comportamentais, conscientizando-se da necessidade de aplicar os conceitos Evangélicos em sua vida.

Não defenderá mais a postura egoísta vigente em seus relacionamentos, mas, através do esforço continuado, buscará a fraternidade, a solidariedade, o respeito e o amor para consigo e para com o próximo. Com certeza a mediunidade muito nos auxiliará para a conquista de um novo patamar evolutivo.

Evidente que um mundo de regeneração, como ensina o Codificador em sua obra primeira, "O Livro dos Espíritos", não obedece a parâmetros fixos de classificação dos mundos, que serve para tornar mais didático nosso entendimento e nada tem de absoluto.

As oportunidades são dadas para todos. Um mundo de Espíritos regenerados não é ainda um local de perfeição, mas um ambiente onde o bem começa a ser maioria, porém os equívocos relativos a si mesmo e ao semelhante ainda ocorrem. Naturalmente não na proporção vivenciada como planeta de expiação e provas, porque as diferenças começam a ser mais acentuadas, mas ainda distantes dos mundos felizes.

Outro aspecto muito realçado é relativo ao êxodo de Capela, de Espíritos que não se ajustavam dentro dos novos padrões de convivência e respeito, sendo convidados por Jesus ao trabalho de auxílio no desenvolvimento do ser em nosso planeta.

Faz sentido, e a própria Codificação nos informa, sobre o processo de imigração entre os orbes, demonstrando não só a necessidade de tais ocorrências, bem como dos próprios Espíritos que se candidatam a essas mudanças por não se encaixarem vibratoriamente nos conceitos novos de vida e de relacionamentos. Encontramos estes fatos na obra de Emmanuel, "A Caminho da Luz", através do médium Francisco Cândido Xavier, quando esclarece os pontos relativos às alterações em Capela e à necessidade de transferência de determinados Espíritos.

No entanto, não passam da ordem de poucos milhões, talvez 15 ou 20, se tanto, de acordo com a própria população do planeta, nas diversas raças-mães que os habitantes da constelação do Cocheiro aqui auxiliaram a desenvolver. Nem poderia ser de outra maneira, dado que a própria história oferece as informações relativas a esse respeito, ou seja, da população existente.

Logo, temos dois fatores dentro das mudanças esperadas: tempo e condição que um planeta de regeneração apresenta.

Tempo, porque o Senhor da Vida, tendo Jesus como responsável e Senhor planetário, nos oferece as oportunidades durante esse milênio que praticamente se inicia, de fazermos as alterações necessárias em nossos pontos de vista, em nossa postura diante da vida e do próximo. Para isso, apesar de opiniões em contrário, buscando denegrir o ser humano habitante desse planeta, nunca se viu tanta solidariedade como nos tempos atuais e nunca o ser esteve tão consciente de suas responsabilidades como agora. Óbvio que são posições iniciais, mas elas estão acontecendo. A evolução não dá saltos, temos um longo caminho pela frente, porém é inegável que tomamos consciência e estamos iniciando a caminhada.

No tocante à condição do planeta, como ele se apresenta, reforçamos aqui o aspecto de que sua população não será praticamente toda expulsa para se tornar um ambiente de delícias para poucos. As alterações, como já dissemos, não podem ter a pressa das nossas intenções, mas o norte do amor do Cristo, que bem nos ensinou com os dizeres: "Das ovelhas que o Pai havia lhe confiado, nenhuma se perderia".

Logo, buscando na literatura espírita, recorremos outra vez ao iluminado Emmanuel, que nos ensina no livro "O Consolador", que "o homem irá reencarnar no planeta, para replantá-lo". Nada mais racional, porque as responsabilidades não são deixadas nos ombros alheios, pois precisam ser assumidas por quem ocasionou o dano.

Também não queremos aqui desestimular o caráter de urgência de nossas modificações para melhor, por ser ação medicamentosa e preventiva para tantas enfermidades e dores que ocasionamos para nós, para nosso próximo e para o planeta. Somente não podemos alimentar a visão equivocada de um deus totalmente superado, que tinha preferências e privilegiados. As mudanças estão acontecendo, mas elas acompanharão o ritmo das criaturas que aqui vivem, sem com isso faltar à misericórdia divina para as nossas fragilidades e desconhecimento da Lei de Amor.

Deus nos ama, e como ensinou Jesus: "Ele não quer a morte do pecador, e sim a morte do pecado".

Capítulo 32

Transcomunicação instrumental e as mesas girantes

No terreno da transcomunicação instrumental, TCI (contato estabelecido entre outros planos, utilizando meios técnicos, tais como televisão, computador, gravador,etc.),não incluiremos aqui os métodos e seus iniciadores e continuadores. A literatura a respeito é bastante farta, contando com pesquisadores nacionais como o Dr. Hernani Guimarães Andrade (desencarnado), Dra. Sonia Rinaldi, entre outros e, internacionalmente, o pesquisador Konstantin Raudive, que já se encontra também na pátria espiritual.

Os pesquisadores acima citados somam boas referências para os interessados em trabalhos de qualidade. Mas o que desperta a nossa atenção é a metodologia que os Espíritos se utilizam ao longo da evolução. Considerando pela lógica, eles estão tecnologicamente mais avançados e, para essa simples constatação, podemos ter como fonte a obra "Nosso Lar", de André Luiz, através da psicografia de Francisco Cândido Xavier, que nos apresenta tecnologia em meios de transporte que ainda não dominamos.

Da mesa que girava à transcomunicação, vemos um avanço fantástico no sistema de comunicação entre encarnados e desencarnados. Passamos pela tábua ouija e pela cestinha de bico, até que a psicografia fosse realizada com o lápis nas mãos do médium, e ainda hoje é um dos métodos mais comuns. Com o progresso tecnológico, já podemos considerar há algum tempo a digitação direta no computador e, sem dúvida no futuro, evoluiremos para processos cada vez mais aperfeiçoados.

Se hoje já não causa espanto termos em mãos um pequeno artefato que nos permite a comunicação audiovisual, com qualidade perfeita, que encurta distâncias até mesmo fora da atmosfera de nosso planeta, por que não, e em breve tempo, vislumbrar a transcomunicação de outras dimensões?

Serão outras ferramentas possibilitando o relacionamento com a espiritualidade, até o ponto de conquistarmos a comunicação de caráter totalmente mental, quando o pensamento nos ligará sem interferências de nossas próprias limitações, preconceitos ou valores distorcidos.

Quando, há bem pouco tempo, o homem poderia supor que suas conquistas nos mais diversos campos de atuação seriam consideradas ultrapassadas em questão de anos e, dependendo de algumas, de meses?

Situações desta natureza mostram-nos que estamos cada vez mais capacitados no intelecto, e que nossa inteligência brilhante dita novos rumos para o trabalho, conforto e lazer.

Naturalmente que o progresso nem sempre está acompanhado dos reais valores do Espírito, porém, a evolução apresenta-se sempre completa com o passar do tempo, porque o que não conseguimos em determinado período, alcançaremos em outro, como nos ensinam os Espíritos na primeira obra da Codificação, "O Livro dos Espíritos".

A sabedoria nem sempre caminha de mãos dadas com o amor, porém, como dissemos anteriormente, tudo é uma questão de tempo.

Na mediunidade, pela coerência que os processos são apresentados, dentro da linha evolutiva que a criatura se encontra e cuja ferramental se aperfeiçoa, a dependência de poucos será coisa ultrapassada em curto espaço de tempo, porque teremos possibilidades de comunicação com as criaturas que amamos de forma direta e totalmente independente.

Em breve tempo, pelo caminhar do ser e seu desenvolvimento, poderemos utilizar de um simples aparelho para termos as pessoas amadas, que nos antecederam na grande viagem, próximas do nosso coração, comunicando-nos diretamente sem intermediação, podendo trocar impressões e, literalmente, matar aquilo que por vezes nos mata: a saudade.

Capítulo 33

A mediunidade em outras dimensões

Quando falamos de mediunidade em outras dimensões, não precisamos recorrer a um exercício de imaginação, uma vez que as obras espíritas muito nos têm informado sobre atividades mediúnicas em outras esferas dimensionais.

André Luiz, por exemplo, através da mediunidade do nosso Chico, em uma de suas obras luminares, intitulada "Libertação", mostra-nos aspectos da intermediação no plano que ele estagia.

Aparições tangíveis, processos psicofônicos, fluido-terapia, transmissão energética ou passes, hipnose induzida magneticamente, entre tantos outros eventos.

Demonstra-nos claramente o iluminado mensageiro que as manifestações que nos são inerentes não se modificam na espiritualidade, mesmo na condição ainda materializada, na qual nos encontraremos quando de nosso retorno à pátria espiritual. Naturalmente aqui fazemos menção a essa materialidade, no que diz respeito ao corpo perispirítico que, apesar da sutileza que apresenta quando comparado à nossa vestimenta carnal, ainda é mais materializado do que os corpos em esferas mais evoluídas.

Notadamente, a mediunidade apresenta-se de formas sutis e maravilhosas. Recordamo-nos do episódio com o médium mineiro já desencarnado, Francisco Cândido Xavier.

Contava-nos o Chico que, certa noite, estava ele no trabalho de psicografia no Grupo Espírita da Prece em Uberaba/MG, quando recebeu a visita do caro professor José Herculano Pires, que já se encontrava desencarnado havia algum tempo.

O professor aproximando-se, disse:

"Chico. Preciso que você me acompanhe até o Centro Espírita que dirijo no plano espiritual, para que nos auxilie a trazer comunicação de um Espírito que se encontra em outra dimensão. Sua mãezinha o procura e recorreu ao nosso Centro."

Falamos aqui da esfera dos desencarnados.

A mãe do rapaz, desencarnada, está na mesma dimensão que o professor Herculano. O filho também se encontra desenfaixado do veículo material, porém em outra dimensão, e o nosso Chico, psicografando no Grupo Espírita da Prece.

O mais interessante deste episódio, é que Chico desdobra-se enquanto psicografa, vai até o Centro do nosso Herculano, e faz lá a intermediação psicográfica da mensagem do rapaz para a sua mãe.

Muitos poderão se admirar com este fato, uma vez que a maioria acredita existir apenas duas dimensões, a material e a espiritual. Algumas religiões acreditam que existem duas esferas distintas na espiritualidade, o céu e o inferno. Os antigos acreditavam na existência de sete céus. A palavra "céu" vem do latim "coelum", formada do grego "coilos": côncavo. Acreditavam na existência de sete céus que representariam diferentes degraus de uma escada de ascensão, sendo o último degrau o da beatitude, o sétimo céu.

Heigorina Cunha nos apresenta no livro "Cidade no Além", um desenho das esferas espirituais do planeta Terra, que confirma a teoria dos antigos estudiosos. A ilustração apresenta sete esferas que se diferenciam por sua vibração e densidade fluídica. Conforme nos dizem os Espíritos amigos, os seres que habitam estas dimensões, em detrimento de sua evolução, poderão ou não transitar livremente por estas esferas. Os superiores têm trânsito livre, mas os que habitam as esferas inferiores, não podem passar sozinhos para as esferas superiores. O que nos demonstra claramente a mesma necessidade que encontramos hoje em nossa esfera, de contarmos com médiuns que possibilitem a comunicação entre estas dimensões.

Diante de tanta beleza, que poucas vezes estamos devidamente preparados para entender, o que podemos deduzir é que em mundos mais evoluídos, a mediunidade continua sendo ferramenta necessária e abençoada. Naturalmente mais consciente, dada à condição evolutiva das criaturas que lá habitam.

Consciência essa que aos poucos, em nossa atual e abençoada morada, vai nos capacitando, fazendo-nos entender que não somos seres restritos ao plano que habitamos, mas seres interexistentes, cuja realidade é cósmica, e não simplesmente terrena.

Frente a esta realidade, o materialismo e a descrença se dobram, considerando que, em se tratando de matéria, até hoje não houve um só laboratório científico ao redor do mundo que provou o materialismo.

Voltando ao ponto que nos interessa, a mediunidade evolui com a criatura. Quanto mais consciência, mais mediunidade equilibrada. Aprenderemos sobre este equilíbrio observando o Evangelho do Cristo.

A sutileza acompanha a evolução, e a relação entre os chamados encarnados e desencarnados - em planos superiores da vida ou em outros mundos -, acontece com a naturalidade da comunicação entre os seres, como se nos utilizássemos de modernos equipamentos de comunicação audiovisual, com nitidez e clareza. A diferença é que todo este processo ocorre pelas vias mentais, sem os inconvenientes da dúvida, do animismo acentuado ou de qualquer resquício de mistificação, dado à condição moral superior.

Em nossa linguagem corrente espírita, diríamos se tratarem de criaturas totalmente evangelizadas, em padrões semelhantes aos grandes exemplos que tivemos em nossa humanidade terrena. Falamos aqui de Chico

Xavier, de irmã Dulce e de Madre Tereza de Calcutá, entre outros.

A mediunidade é para o ser, na condição que ele se apresente, ferramenta de comunicação entre planos, permitindo o intercâmbio com os mensageiros divinos que nos trazem os ensinamentos necessários para nossa evolução.

Não sonhemos apenas com os mundos superiores, construamo-los em nós mesmos. Se houvesse diferenças acentuadas, Jesus não nos ensinaria que o "Reino dos Céus ou de Deus, está dentro de nós".

Bibliografia

DOYLE, Arthur C. *História do Espiritismo*. São Paulo: Editora Pensamento, 2004.

FABBRI, Umberto. *Cisco Cândido Xavier*. São Paulo: Edições FEESP, 2012.

JASPERS, Karl. *Allgemeine Psychopathologie: ein Leitfaden für Studierende, Ärzte und Psychologen*, 9. Aufl. Berlin: Springer. [S.I.]: <http://pt.wikipedia.

org/wiki/Transtorno_mental> acesso em 01/02/13.

KARDEC, Allan. *O Evangelho Segundo o Espiritismo*. São Paulo: Edições FEESP, 1970.

KARDEC, Allan. *O Livro dos Espíritos*. São Paulo: Edições FEESP, 1995.

KARDEC, Allan. *O Livro dos Médiuns*. São Paulo: Edições FEESP, 2001.

RINALDI, Sonia. *Transcomunicação Instrumental Espiritismo e Ciência*. São Paulo: Editora DPL, 2000.

XAVIER, Francisco C./ André Luiz. *Libertação*. Rio de Janeiro: FEB, 2005.

XAVIER, Francisco C./ André Luiz. *Missionários da Luz*. Rio de Janeiro: FEB, 2004.

XAVIER, Francisco C./ André Luiz. *Nos Domínios da Mediunidade*. Rio de Janeiro: FEB, 2005.

XAVIER, Francisco C./ André Luiz. *Nosso Lar*. Rio de Janeiro: FEB, 2006.

XAVIER, Francisco C./ Emmanuel. *A Caminho da Luz.* Rio de Janeiro: FEB, 2006.

XAVIER, Francisco C./ Emmanuel. *Pão Nosso.* Rio de Janeiro: FEB, 2005.

XAVIER, Francisco C./ Emmanuel. *Paulo e Estêvão.* Rio de Janeiro: FEB, 2004.

XAVIER, Francisco C. e CUNHA, Heigorina / Andre Luiz e Lucius. *Cidade no Além.* São Paulo: Editora IDE, 2007.

XAVIER, Francisco C. e VIEIRA, Waldo/ Espíritos diversos. *Espírito da Verdade.* Rio de Janeiro: FEB, 2005.

XAVIER, Francisco C. e VIEIRA, Waldo/ Espíritos diversos. *Mecanismos da Mediunidade.* Rio de Janeiro: FEB, 2004.

www.ingramcontent.com/pod-product-compliance
Lightning Source LLC
Chambersburg PA
CBHW071957040426
42447CB00009B/1380